KB264364

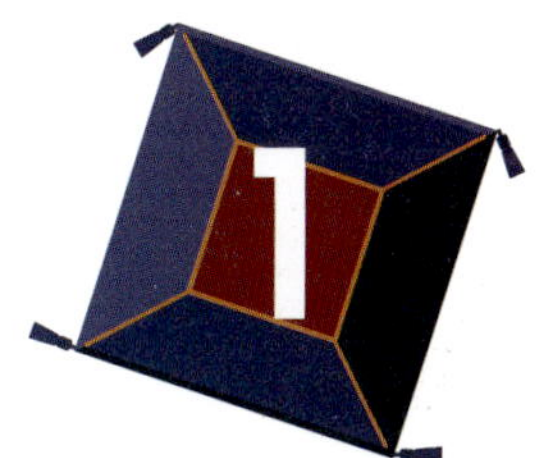

SUNGKYUN KOREAN

성균 한국어

어휘·문법

Vocabulary·Grammar

Hawoo Publishing Inc.

머리말

　　성균관대학교 한국어 교재는 시대의 변화에 발맞추어 학습자의 요구를 반영하고 교수자의 교수를 용이하게 할 목적으로 듣기, 말하기, 읽기, 쓰기의 통합 교재로 개발하였습니다. 특히 성인 학습자들은 언어 지식의 명확한 학습을 요구한다는 조사 결과를 반영하여 어휘와 문법 교재, 듣기, 말하기, 읽기, 쓰기 교재를 분리하여 각 급마다 두 권의 교재로 구성하였습니다. 이는 새로운 시도이면서 현장의 적용을 수월하게 할 것입니다. 이 교재는 1급부터 6급까지 순차적으로 개발되어 한국어를 배우려는 학습자의 한국어 능력을 신장할 것입니다.

　　무엇보다 성균 한국어는 주제별로 구성하되 주제에 맞는 어휘와 문법을 구성하고 이와 관련한 기능 영역 연습이 가능하도록 하였습니다. 이는 언어 지식을 바탕으로 한 다양한 듣기와 말하기 능력을 향상시킬 것입니다. 특히 기존의 한국어 교재들이 구어 중심에 초점을 맞추어 문어의 학습, 즉 읽기와 쓰기가 충분히 이루어지지 않는다는 현장의 목소리를 반영하여 수업 안에서 읽기와 쓰기 연습이 가능하도록 일상생활에서 빈번하게 접할 수 있는 실용문에서 시작하여 자신의 전공 영역의 글 읽기와 쓰기가 가능해지도록 단계적으로 구성하였습니다. 또한 성균어학당 학생을 교재의 사진 주인공으로 선정하여 실제성을 추구함과 동시에 학습자들의 흥미를 유발하고 관심을 지속시키고자 하였습니다.

　　우리 교재는 몇 번의 시범 사용과 집필진의 지속적인 수정·보완 작업을 진행하였습니다. 이 과정에서 애써 주신 집필진 선생님들의 각별한 애정과 노력에 감사드립니다. 그리고 이 책이 나오기까지 한결같은 모습으로 최선을 다해 준 하우 출판사에도 감사합니다.

　　앞으로 성균관대학교 『성균 한국어』 교재가 질적으로 우수한 한국어교육을 하는 데에 기여하기를 바랍니다.

2019년 1월
성균관대학교 성균어학원
원장 남식용

일러두기

[성균 한국어 1]은 성인 한국어 학습자를 대상으로 개발된 한국어 교재 시리즈 중 첫 번째 책입니다. 이 책은 200시간의 정규 과정에서 사용할 목적으로 개발되었으며 한국어로 의사소통 능력을 향상시키는 데 목적이 있습니다. 이 책은 다음과 같은 특징이 있습니다.

첫째, 이 책은 '어휘와 문법', '듣기, 말하기, 읽기, 쓰기'로 나누어 두 권으로 구성되어 있습니다. 어휘와 문법은 한국어의 지식에 해당하는 것으로 지식을 학습한 후 이를 바탕으로 언어 기능 즉 듣기, 말하기, 읽기, 쓰기를 학습해 나가도록 구성하였습니다. 따라서 어휘와 문법편을 배우고 이를 활용하여 의사소통할 수 있도록 구조화되어 있습니다.

둘째, 어휘와 문법은 언어 지식에 해당하나 지식으로 학습되는 것에 초점이 있는 것이 아니라 '한국어 사용'에 초점을 두고 개발하였습니다. 따라서 어휘에 대한 사용 연습, 문법에 대한 사용 연습이 단계적으로 구성되어 쉬운 것에서 어려운 것으로 연습할 수 있도록 하였습니다.

셋째, 어휘와 문법은 14개 과로 구성되어 있으며 한 개의 과에는 10개 내외의 어휘와 4개에서 5개 문법 항목으로 구성하여 130분 내에 연습이 가능하도록 구성하였습니다. 또한 한 과의 마지막 부분에는 종합 연습을 두어 한 과에서 배운 어휘와 문법을 복습할 수 있도록 하였습니다.

넷째, 모든 과는 주제별로 구성하였습니다. 매 과의 단원명은 곧 주제가 됩니다. 따라서 어휘와 문법은 해당 주제가 잘 드러나도록 설정하였으며 이에 맞는 기능 즉 듣기, 말하기, 읽기, 쓰기가 가능하도록 고안하였습니다. 특히 듣기, 말하기, 읽기, 쓰기 앞 부분에도 어휘를 두어 학습자가 어휘장을 통해 주제에 맞는 어휘를 확산할 수 있도록 하였습니다.

다섯째, 듣기, 말하기, 읽기, 쓰기를 매 과에 두 번씩 활동하게 하여 해당 주제에 대한 다양한 연습이 가능하도록 하였습니다. 특히 말하기를 비롯한 읽기 영역에서도 학습자들이 자신의 흥미와 관심에 맞는 유의미한 연습이 이루어지도록 다양한 말하기 활동을 고안하였습니다.

여섯째, '듣기, 말하기, 읽기, 쓰기' 편은 한 단원의 마지막 부분에 기능(function) 통합 연습이 가능하도록 '과제'를 두었으며 이후 '재미있는 언어문화 이야기'를 다루어 한국어의 특징에 맞는 발음, 호칭 문화 등을 학습할 수 있도록 하였습니다. 또한 '자기 평가'를 두어, 학습자가 어휘, 문법을 포함한 해당 과의 학습 목표에 도달하였는지를 스스로 확인할 수 있도록 하였습니다.

일곱째, 교재 어휘·문법편과 기능편(듣기, 말하기, 읽기, 쓰기)의 활용 순서는 다음과 같습니다.

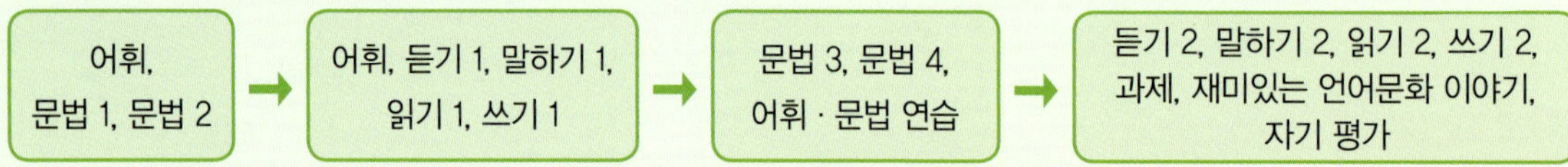

Sungkyun Korean 1 is the first of a series of Korean textbooks developed for adult learners. The books are intended for use in a 200 hundred hour regular course with the aim of enhancing communication skills in Korean. This book has the following characteristics.

First, the book consists of two volumes. One volume deals with vocabulary and grammar and the other volume deals with listening, speaking, reading, and writing. The vocabulary and grammar volume is meant to provide knowledge of the Korean language. After the knowledge is acquired, students can apply it to the language functions of listening, speaking, reading, and writing. In other words, the volumes are structured so that students can learn vocabulary and grammar first and use the knowledge to communicate later.

Second, the vocabulary and grammar correspond with language knowledge but the focus is on 'using Korean' rather than just learning it. Therefore, the vocabulary and grammar exercises are set out so that students can practice in an increasing order of difficulty.

Third, the vocabulary and grammar volume is composed of 14 chapters, and each chapter contains 10 or more vocabulary words and 4-5 grammatical items to be practiced within 130 minutes. At the end of each lesson, comprehensive exercises to review the vocabulary and grammar have been included.

Fourth, every lesson is organized by topic. The name of each unit is also the theme of each unit. The vocabulary and grammar subject matter is clearly explained to allow for better listening,speaking, reading, and writing skills. In particular, vocabulary items are placed at the beginning of the listening, reading reading, and writing sections so the learners can practice using the vocabulary from the beginning to the end of each lexical set.

Fifth, listening, speaking, reading, and reading are integrated twice in each lesson, so learners are provided with opportunities to practice a variety of exercises. In the speaking and reading sections, a variety of meaningful activities tailored to the interests of the learners have been created.

Sixth, assignments are placed at the end of the listening, speaking, reading, and writing units to allow students to gain further practice with the target functions. After that, interesting stories of language culture are added so that students can learn about correct pronunciation, how to address different people in Korean culture, and other factors. Moreover, a 'self-evaluation' checklist was added at the end of each unit, so students can verify for themselves if they have achieved the stated goals in vocabulary and grammar.

Seventh, the order of application for the vocabulary/grammar volume and the function volume (listening, speaking, reading, writing) is as follows:

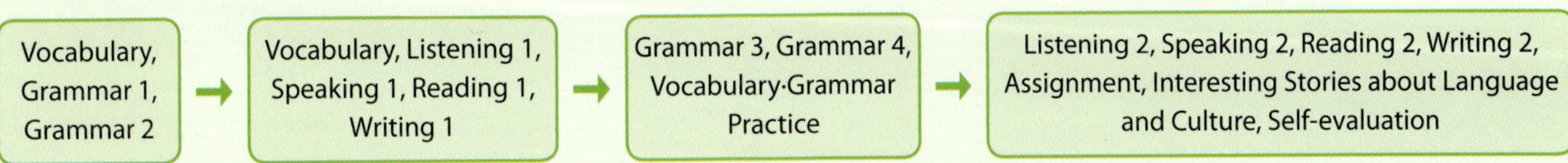

도입 Introduction

주제와 관련된 사진을 제시함으로써 본격적인 학습 시작 전에 학습자들이 학습 내용에 대해 스스로 추측할 수 있도록 하였습니다.

By including pictures related to the subject before the lesson begins, we ensured it was easier for students to guess about the learning content.

어휘 Vocabulary

단원에서 학습해야 할 주제와 관련된 어휘를 시각 자료와 함께 제시하였습니다. 회화체로 어휘를 제시하여 실생활과 관련된 자연스러운 어휘를 익히고 사용할 수 있도록 하였습니다.

Vocabulary relevant to the target topic for the unit is presented at the beginning. The vocabulary is later presented in conversation form so that students can learn to use it freely as they would in natural conversations.

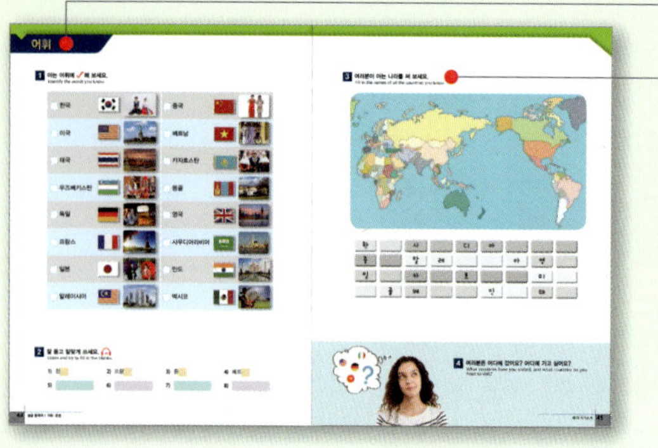

어휘 활동 Vocabulary Activities

앞에서 제시된 어휘의 의미와 쓰임을 이해하고 인지할 수 있도록 상황에 따른 맥락을 중심으로 구성하였으며, 주제와 동일한 맥락에서 친구와 함께 자연스러운 대화 활동을 통하여 어휘를 연습, 반복하여 익힐 수 있도록 하였습니다.

Natural conversation activities enable students to practice and repeat the vocabulary presented above in the subject context so they can learn accurate meaning and use.

문법 Grammar

단원에서 배워야 할 목표 문법 항목을 익힐 수 있는 전형적인 예문을 제시하여 자연스러운 맥락에서 문법 항목을 학습하도록 하였습니다. 해당 문법에 대해 의미, 기능, 형태 정보를 제공하여 문법에 대한 이해를 돕도록 하였습니다.

The target grammar for the lessons is presented in common sentence examples that will allow students to learn how the grammar works in the natural context. Information has also been provided to help students understand the meaning, function, and form of grammar.

해당 문법과 유사하거나 추가적인 설명이 필요한 부분에 대하여 그 활용과 쓰임에 대하여 제시하였습니다.

Additional information was provided in areas where grammar concepts were similar or it was felt further explanation was required.

관련 내용 및 문법 표현에 있어서 주의해야 할 부분에 대한 교수·학습 정보를 제시하였습니다.

Information for teaching and learning has also been carefully provided in related grammatical expressions.

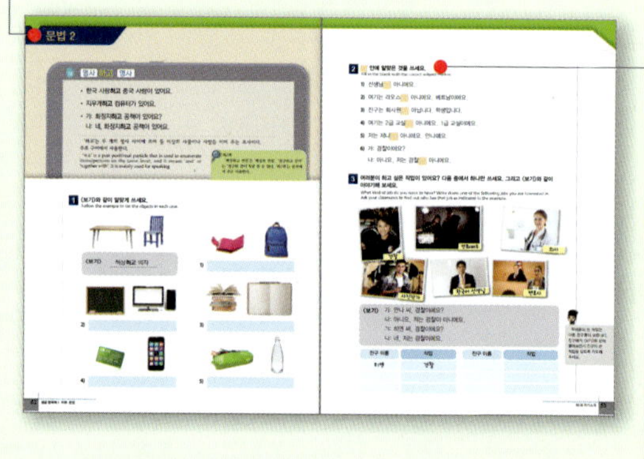

문법 활동 Grammar Activities

문법 활동은 문법 항목의 형태, 의미, 기능을 이해하고 교실에서의 열린 활동을 통하여 담화 차원에서의 사용이 가능할 수 있도록 하였습니다.

Grammar activities are presented in a way to help students understand the form, meaning, and functions of grammar expressions in the classroom, so students use the expressions in normal discourse.

어휘·문법 연습 Vocabulary and grammar exercises

'어휘·문법 연습'을 통하여 해당 단원에서 배운 어휘와 문법을 자연스러운 맥락 안에서 반복 학습하여 익힐 수 있도록 구성하였습니다.

The vocabulary and grammar exercises have created in a way that will allow the learners to practice the target vocabulary and grammar for the unit in a natural context.

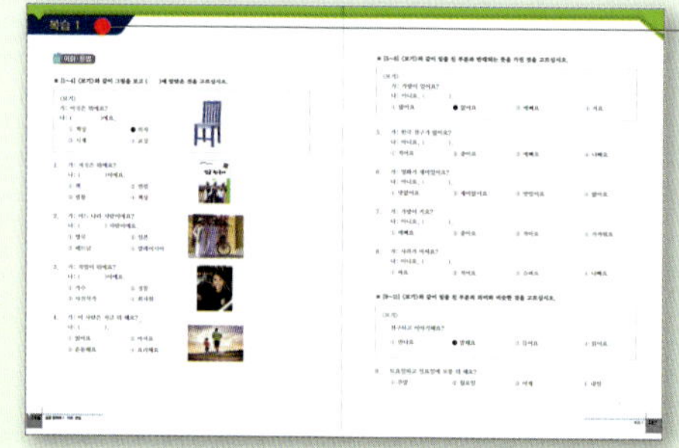

복습 Review

'1과-7과', '8과-14과' 다음에는 복습을 두어 앞에서 배운 단원의 어휘와 문법을 종합적으로 연습하여 반복, 확인할 수 있도록 구성하였습니다.

After units 1-7 and units 8 to 14 respectively, the previous units' vocabulary and grammar are repeated and practiced to increase comprehension.

교재 구성표

단원	단원명	학습 내용		어휘
		1일	2일	
1	자기소개	• 명사 이에요/예요 • 명사 은/는	• 명사 입니다/입니까? • 명사 이/가 아니다	국적 관련 어휘
2	물건과 장소	• 명사 이/가 있어요/없어요 • 명사 하고 명사	• 위치 • 명사 에 있어요/없어요 • 명사 에 가요	물건과 장소 관련 어휘
3	하루 일과	• 동사 형용사 아요/어요/여요 • 명사 을/를	• 숫자(1) • 숫자(2) • 명사 에	하루 일과 관련 어휘
4	음식	• 안 동사 형용사 • 동사 형용사 지 않다	• 동사 고 싶다 • 못 동사	음식 이름 관련 어휘
5	주말	• 동사 았어요/었어요/였어요 • 동사 고	• 명사 에서 • 동사 형용사 지만	주말 활동 관련 어휘
6	쇼핑	• 단위 명사: 원,개, 병, 잔, 그릇, 권, 명, 마리	• 명사 이/가 형용사 • 동사 형용사 고	쇼핑 관련 어휘
7	계획	• 동사 (으)ㄹ 거예요 • 명사 부터 명사 까지	• 동사 (으)ㄹ까요? • 동사 형용사 (으)면	계획 관련 어휘
복습 1				

단원	단원명	학습 내용		어휘
		1일	2일	
8	교통	• 동사 (으)세요 • 명사 (으)로 • 동사 (으)려고 하다	• 동사 지 마세요 • 동사 아야/어야/여야 되다	교통수단 관련 어휘
9	날씨와 계절	• 동사 형용사 습니다/습니까? • ㅂ불규칙	• 형용사 아지다/어지다/여지다 • 동사 형용사 겠-	날씨 관련 어휘
10	여행	• 동사 아/어/여 보다(1) • 동사 아/어/여 보다(2)	• 동사 형용사 아서/어서/여서 • 동사 거나	여행 관련 어휘
11	가족	• 명사 의 • 이/그/저 명사	• 동사 형용사 (으)시- • 명사 께서	가족 관련 어휘
12	취미	• 동사 (으)ㄹ 수 있다/없다 • 명사 도	• ㄷ 불규칙 • 동사 형용사 (으)면서	취미 관련 어휘
13	건강	• 으 탈락 • 명사 만	• 동사 기 전에 • 동사 (으)ㄴ 후에	건강 관련 어휘
14	방학과 휴가	• 동사 아서/어서/여서 • 동사 (으)려고	• 동사 는데, 형용사 (으)ㄴ데(1) • 동사 는데, 형용사 (으)ㄴ데(2)	방학과 휴가 관련 어휘
복습 2				

한글
Hangeul

01 한글의 탄생 The Creation of Hangeul

　한글은 조선 시대 4번째 왕인 세종대왕이 집현전의 학자들과 함께 만들었다. 그 당시에는 중국에서 온 문자인 한자를 사용하였기 때문에 글자를 모르는 백성들이 많았다. 그래서 세종대왕은 백성들을 위해 쉬운 글자를 만들고자 하였다. 한글은 1443년(세종 25년)에 완성되고 1446년에 반포되어 '훈민정음'이라는 이름으로 불렸는데 1913년 주시경 선생님이 새롭게 '한글'이라는 이름을 만들었다. 이때부터 한국에서는 10월 9일을 '한글날'로 정하여 기념하고 있다. 1997년 유네스코에서 훈민정음을 세계 기록 유산으로 등록하였으며, 문맹을 퇴치한 세종대왕의 공적을 기리기 위해 1990년 이후 지구촌에서 문맹 퇴치에 공이 큰 사람을 가려 뽑아 해마다 '세종상'을 주고 있다.

　King Sejong the Great, the 4th King of the Joseon Dynasty, created Hangeul with the help of royal scholars. At the time, many individuals were not familiar with the language symbols because many Chinese characters were commonly used. As a result, King Sejong tried to introduce letters that people could easily understand. Hangeul was completed in 1443 (the 25th year of King Sejong), and it was printed/published in 1446 under the name 'Hun-Min-Jeong-Eum'. In 1913, the new name 'Hangeul' was assigned by Mr. Ju Si-gyeong. From 1913 onwards, October 9th has been designated as 'Hangeul Day' in Korea. In 1997, UNESCO registered 'Hunminjeongeum' as a world record heritage artifact, and King Sejong the Great's efforts to eradicate illiteracy have been honored since 1990 with the presentation of the 'Sejong Award' to one of the many individuals around the world who are drawn into the fight against illiteracy.

02 한글의 특징 The Features of Hangeul

　첫째, 한글은 발음 기관을 본떠서 만든 과학적인 글자이다. 즉 자음은 소리를 낼 때 발음 기관의 모양을 본뜨고 모음은 하늘(·)과 땅(ㅡ)과 사람(ㅣ)을 본떠서 글자가 질서 정연하고 체계적인 파생법으로 만들어졌다.

　둘째, 한글은 낱소리 글자이면서 음절 글자의 특징이 있다. 각각의 음가를 가진 자음이나 모음이 만나 음절을 이룰 때 비로소 소리를 내는 문자이다.

　셋째, 한글은 독창적으로 만든 글자이다. 한글은 오랜 세월 복잡한 변화를 거치거나 다른 글자를 흉내 내지 않고 독창적으로 만든 글자이다.

　넷째, 한글은 배우기 쉬운 글자이다. 훈민정음 해례본에 있는 정인지의 정인지서(鄭麟趾序)에는 "슬기로운 사람은 아침을 마치기도 전에 깨칠 것이요, 어리석은 사람이라도 열흘이면 배울 수 있다."라고 표현할 정도로 누구나 쉽게 배울 수 있는 글자이다.

　First, the pronunciation of Hangeul follows a strict scientific pattern. In other words, the shapes of the consonants mimic the shapes of the speaker's mouth when the speaker produces sounds, and the vowels' are set up in an orderly and systematic fashion in accordance with the heavens and the people.

　Second, Hangeul is a phonetic alphabet distinguished by syllables. Sounds are produced when vowels and consonants with specific phonemes combine to form a syllable. Third, Hangeul is composed of letters that were originally created. The Hangeul alphabet has undergone complex changes for numerous years without imitating the characters of any other alphabet. Fourth, Hangeul is easy to learn. In Chung In-ji's poem 'The Scroll of Hun-Min-Jeong-Eum', the words, "A wise person will master it by the end of the morning and even a fool can learn it in ten days" indicate that anyone can easily.

03 한국어의 음절 구조와 유형 Structure and Type of Korean Syllables

1) 모음으로 된 음절 Vowel Based Syllables

모음은 단독으로 음가를 가지지만 한글을 표기하는 방법에서는 모음을 나타내는 문자만으로 음절을 표기하지 않는다. 그리하여 모음 앞에는 자음을 나타내는 문자 중에 모음 앞에서 음가를 가지지 않는 자음 자모인 'ㅇ'을 넣어 표기한다. 또한 모음의 모양에 따라 초성의 자음과 모음이 나란히 오는 경우와 위 아래로 오는 경우가 있다.

In Korean, although each part of the syllable has its own phonetic value, the sound of the syllable is not determined only by a character representing a specific letter (pronunciation is not determined by any specific morpheme/notation is not set by one character only). / In Hangeul, no letter stands alone to represent elements of the language. Instead, letters are grouped into syllabic or morphemic blocks to indicate sound although each character (phoneme) has its own phonetic value. Therefore, O, a consonant with no sound, is selected from among the consonants and inserted before a vowel. Additionally, depending on the shape of the vowel, consonants and vowels may appear either in a side by side position or upside down. (The shape of the vowel also determines if consonants and vowels are written left to right or placed in a lower/higher position respectively).

ㅇ + ㅗ ➡ ㅇㅗ ➡ 오

ㅇ + ㅣ ➡ ㅇㅣ ➡ 이

2) 자음 + 모음으로 된 음절 Consonant + Vowel Based Syllables

자음과 모음으로 이루어진 음절의 경우도 모음으로 이루어진 음절과 마찬가지로 각각의 음가를 가진 자음과 모음이 만나서 음절을 이루고 이때 비로소 소리가 난다. 또한 자음과 모음의 위치도 1)의 경우와 마찬가지로 모음의 모양에 따라 초성의 자음과 모음이 나란히 오는 경우와 위 아래로 오는 경우가 있다.

Syllables composed of both consonants and vowels and syllables that consist of vowels only likewise meet with their respective phonemes to produce a sound. In both syllable types; in addition, there are cases in which consonants and vowels are stretched either parallel/horizontally or vertically according to the shape of the vowel.

ㄴ + ㅏ ➡ ㄴㅏ ➡ 나

ㅁ + ㅜ ➡ ㅁㅜ ➡ 무

3) 모음+자음/자음+모음+자음으로 된 음절 Vowel + Consonant Versus Consonant + Vowel + Consonant Syllables

위의 1)과 2)의 형태로 이루어진 음절의 아래쪽에 종성으로 자음이 오는 경우 이 자음을 '받침'이라고 한다.

Above. If a consonant is placed at the bottom of a syllable, it is called a support.

(1) 모음 + 자음으로 된 음절 Vowel + Consonant Syllable

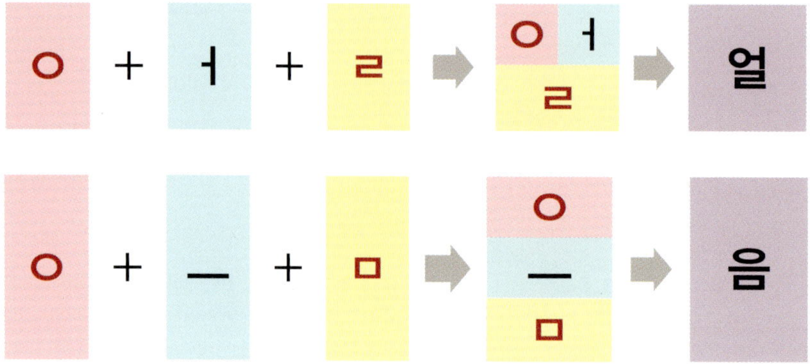

(2) 자음 + 모음 + 자음으로 된 음절 Consonant + Vowel + Consonant Syllable

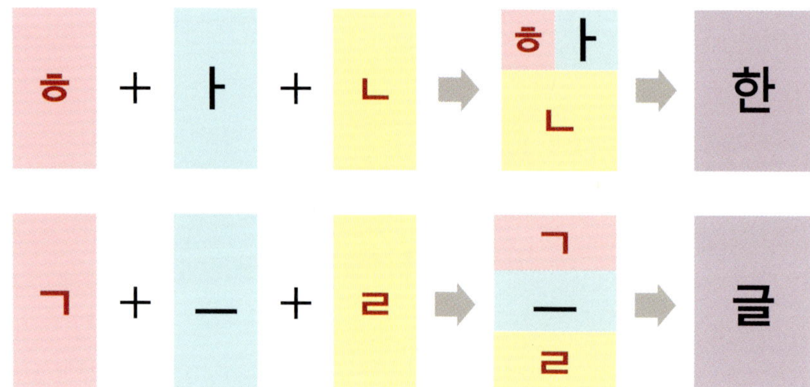

한국어의 모음 소리 Korean Vowel Sounds

한국어의 모음은 모두 21개로 10개의 단모음(ㅏ, ㅓ, ㅗ, ㅜ, ㅡ, ㅣ, ㅟ, ㅚ, ㅔ, ㅐ)과 11개의 이중 모음(ㅑ, ㅕ, ㅛ, ㅠ, ㅖ, ㅒ, ㅘ, ㅝ, ㅞ, ㅙ, ㅢ)이 있다.

There are 21 Korean vowels with 10 short sounds (monophthong) and 11 double vowels.

모음의 글자와 음가

글자 letter	ㅏ	ㅓ	ㅗ	ㅜ	ㅡ	ㅣ	ㅟ	ㅚ	ㅔ	ㅐ
음가 sound value	[a]	[ʌ]	[o]	[u]	[ɯ]	[i]	[y/wi]	[Ø/we]	[e]	[ɛ]
글자 letter	ㅑ	ㅕ	ㅛ	ㅠ					ㅖ	ㅒ
음가 sound value	[ja]	[jʌ]	[jo]	[ju]					[je]	[jɛ]
글자 letter	ㅘ	ㅝ							ㅞ	ㅙ
음가 sound value	[wa]	[wʌ]							[we]	[wɛ]
글자 letter						ㅢ				
음가 sound value						[wj]				

• 모음도

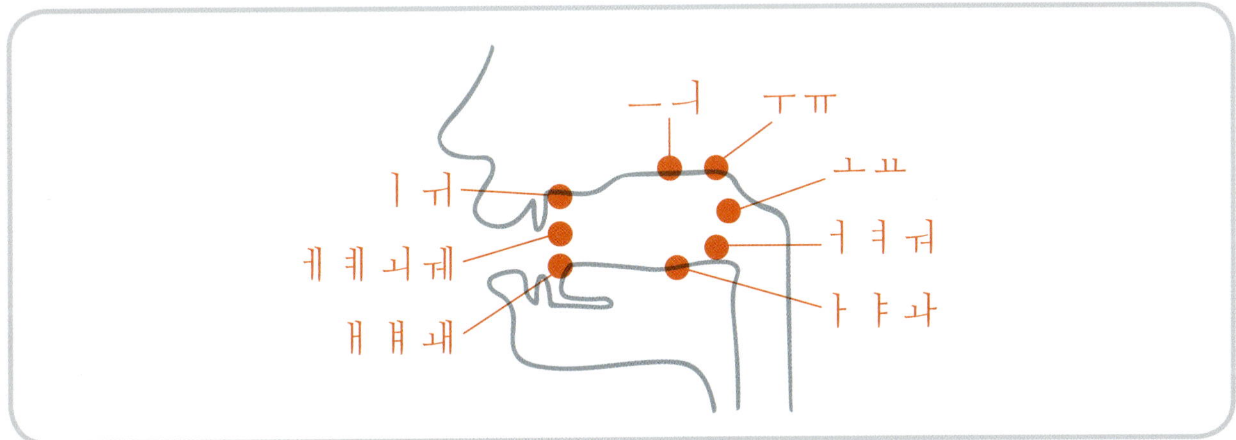

한국어의 자음은 모두 19개로 10개의 평음(ㅂ, ㄷ, ㄱ, ㅅ, ㅈ, ㅎ, ㅁ, ㄴ, ㅇ, ㄹ)과 4개의 격음(ㅍ, ㅌ, ㅋ, ㅊ), 5개의 경음(ㅃ, ㄸ, ㄲ, ㅆ, ㅉ)이 있다.

Korean contains 19 consonants in total. Ten are plain, four are aspirated, and five are tense.

자음의 글자와 음가

글자 letter	ㅂ	ㄷ	ㄱ	ㅅ	ㅈ	ㅎ
음가 sound value	[p]	[t]	[k]	[s]	[tʃ]	[h]
글자 letter	ㅍ	ㅌ	ㅋ		ㅊ	
음가 sound value	[pʰ]	[tʰ]	[kʰ]		[tʃʰ]	
글자 letter	ㅃ	ㄸ	ㄲ	ㅆ	ㅉ	
음가 sound value	[p']	[t']	[k']	[s']	[tʃ']	
글자 letter	ㅁ	ㄴ	ㅇ			
음가 sound value	[m]	[n]	[ŋ]			
글자 letter		ㄹ				
음가 sound value	[r][l]					

• 자음도

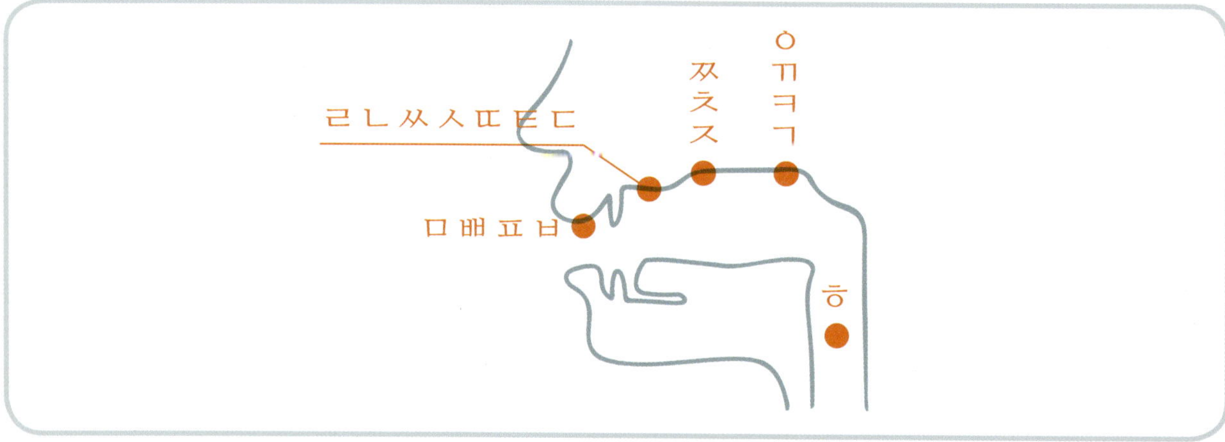

단모음 1

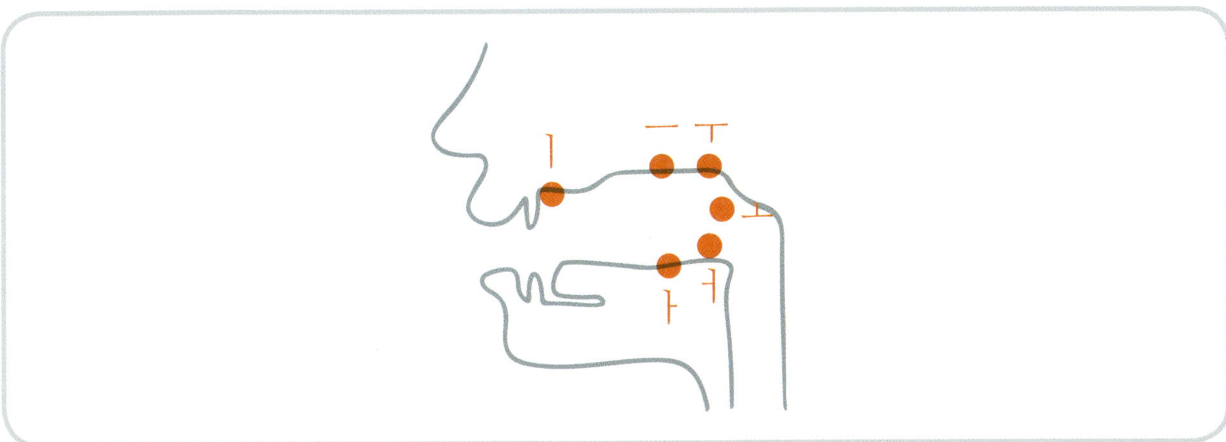

쓰기

🎧 01

문자	필순	입 모양	쓰기 연습		
ㅏ					
ㅓ					
ㅗ					
ㅜ					
ㅡ					
ㅣ					

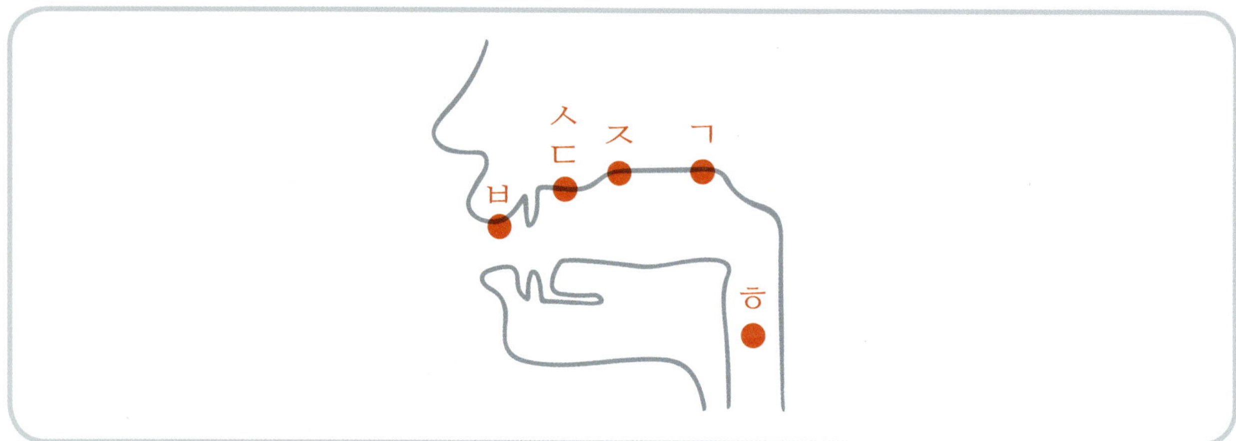

쓰기

문자	필순	쓰기 연습			
ㅂ					
ㄷ					
ㄱ					
ㅅ					
ㅈ					
ㅎ					

02

	ㅏ	ㅓ	ㅗ	ㅜ	ㅡ	ㅣ
ㅂ	바	버	보	부	브	비
ㄷ	다	더	도	두	드	디
ㄱ	가	거	고	구	그	기
ㅅ	사	서	소	수	스	시
ㅈ	자	저	조	주	즈	지
ㅎ	하	허	호	후	흐	히

쓰기

	ㅏ	ㅓ	ㅗ	ㅜ	ㅡ	ㅣ
ㅂ	바					
ㄷ					드	
ㄱ		거				
ㅅ				수		
ㅈ						지
ㅎ			호			

바다	두부	가구	고기
			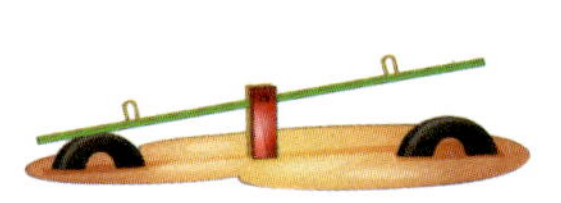
구두	사	소	시소

사자	호수	도시	자

자두	지도	바지	주스

어휘 연습 **쓰기**

바다		사자	
두부		호수	
가구		도시	
고기		자	
구두		자두	
사		지도	
소		바지	
시소		주스	

자음 'ㅂ, ㄷ, ㄱ'는 모음과 모음 사이에서 약하게
발음함을 지도해 주세요.
바다[바다], 두부[두부], 가구[가구]

듣기 1 잘 듣고 맞는 단어를 골라 선으로 연결하세요. 🎧04
Listen carefully and draw lines to match the correct items.

바다

두부

가구

고기

도시 구두 지도 시소

호수

사자 주스

바지

듣기 2 잘 듣고 맞는 것에 ✔ 하세요. 🎧05
Listen carefully and identify the correct answers.

1)	☐ 고기	☐ 거기	6)	☐ 도시	☐ 도서
2)	☐ 바다	☐ 보다	7)	☐ 사다	☐ 자다
3)	☐ 사	☐ 소	8)	☐ 부부	☐ 부두
4)	☐ 지도	☐ 시도	9)	☐ 사자	☐ 하자
5)	☐ 도보	☐ 두부	10)	☐ 주스	☐ 조수

듣기 3 잘 듣고 쓰세요. 🎧06
Listen carefully and write what you hear.

1) 바다

2)

3)

4)

5)

6)

단모음 2

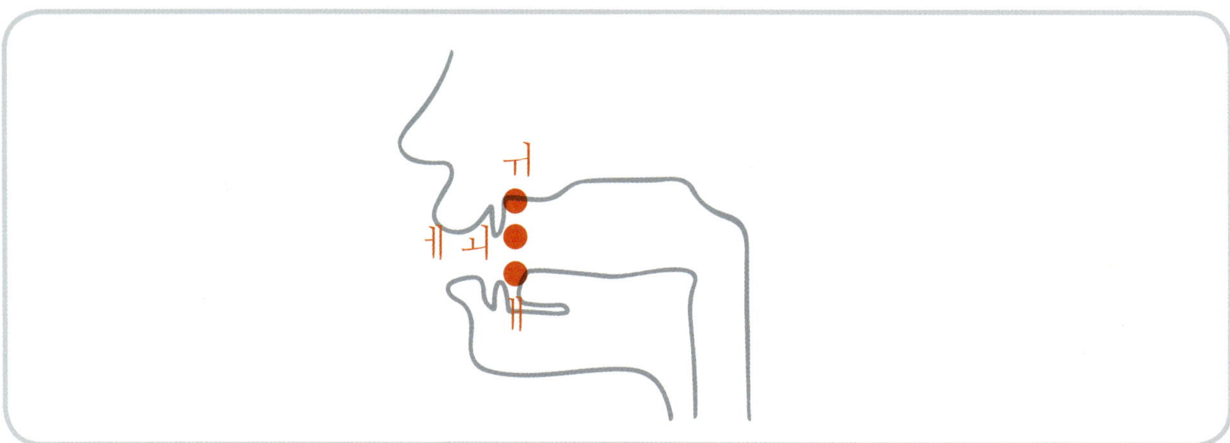

쓰기

🎧 07

문자	필순	입 모양	쓰기 연습		
ㅔ					
ㅐ					
ㅟ					
ㅚ					

> 한국어의 'ㅟ, ㅚ'는 단모음으로, 발음할 때 입술 모양이 바뀌지 않아야 하지만 이중 모음으로 발음하는 경우가 많음을 지도해 주세요.

자음 2 공명음(비음, 유음)

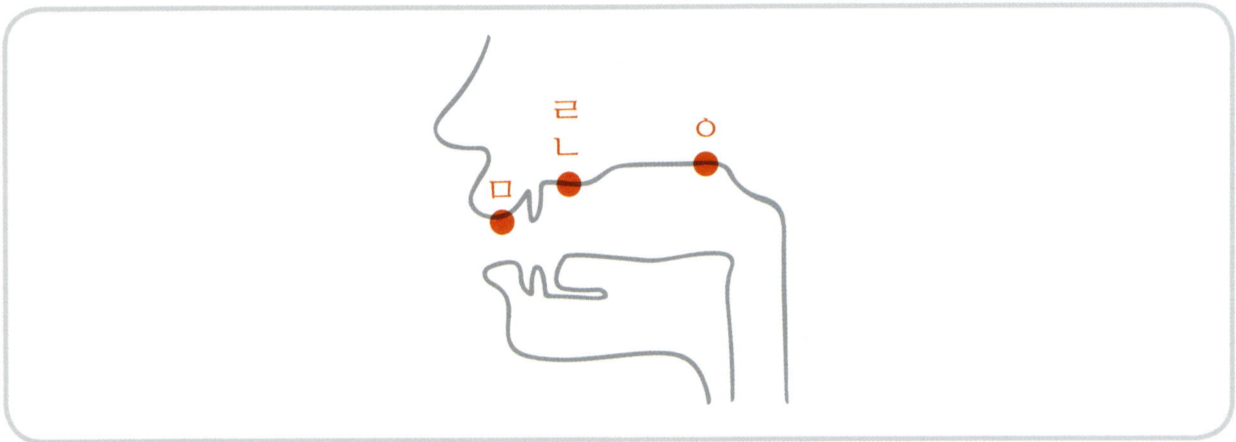

쓰기

문자	필순	쓰기 연습			
ㅁ					
ㄴ					
ㅇ					
ㄹ					

쓰기				
네				
뫼				
레				
위				
외				
애				

어휘 연습 읽기

게	개	바나나	나비
나무	배	새	가위
주사위	노래	오리	쥐
모자	위	아래	다리

어휘 연습 쓰기

게		주사위	
개		노래	
바나나		오리	
나비		쥐	
나무		모자	
배		위	
새		아래	
가위		다리	

나비   모래   나무   쥐   가위   노래   모자   부자   우리   아래   귀   새   오리   머리

듣기 2 잘 듣고 맞는 것에 ✔ 하세요. 🎧 11
Listen carefully and identify the correct answers.

1)	☐ 나비	☐ 너비	6)	☐ 가위	☐ 사위
2)	☐ 나무	☐ 너무	7)	☐ 귀	☐ 쥐
3)	☐ 사	☐ 새	8)	☐ 모자	☐ 부자
4)	☐ 노래	☐ 모래	9)	☐ 아래	☐ 오래
5)	☐ 오리	☐ 우리	10)	☐ 마리	☐ 머리

듣기 3 잘 듣고 쓰세요. 🎧 12
Listen carefully and write what you hear.

1) 나무

2)

3)

4)

5)

6)

이중 모음 1

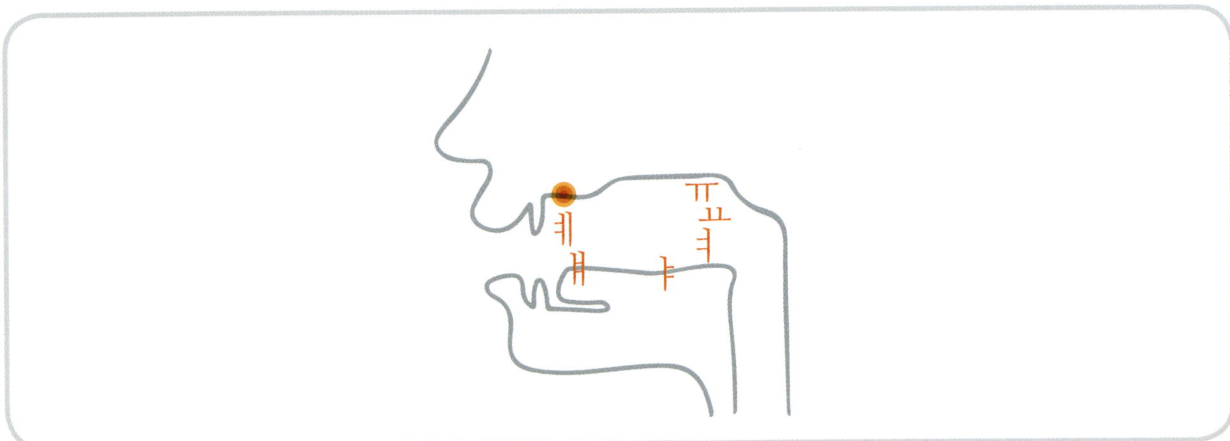

쓰기

문자	필순	쓰기 연습			
ㅑ					
ㅕ					
ㅛ					
ㅠ					
ㅖ					
ㅒ					

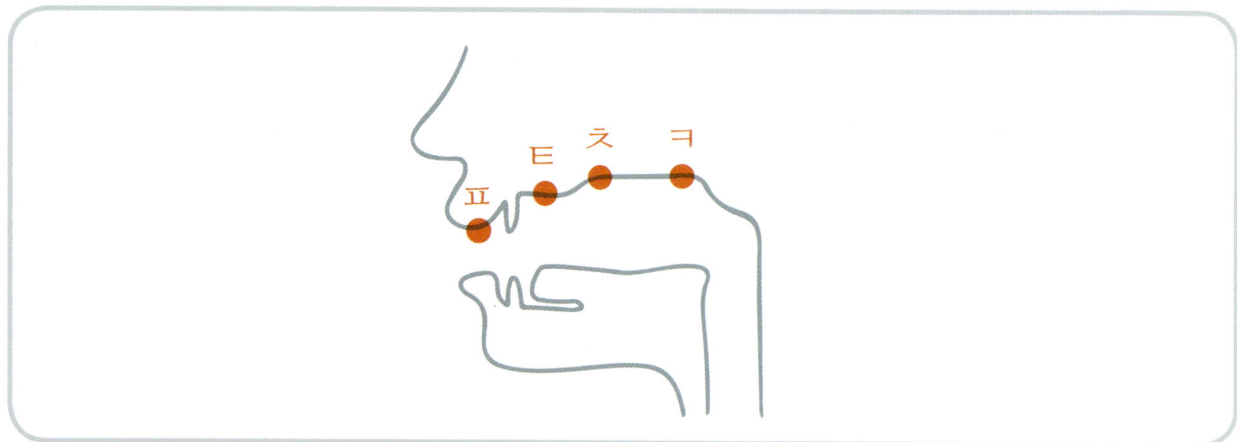

쓰기

문자	필순	쓰기 연습			
ㅍ					
ㅌ					
ㅋ					
ㅊ					

읽기

쵸　퍼　튜　켜　표　코　탸　츄

쓰기					
퍼					
표					
튜					
켜					
쿄					
쵸					

시계	파	파도	하마
			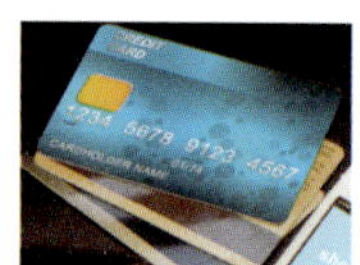
피자	타조	투수	카드

커피	배추	도토리	우유

토마토	호미	고추	요리

어휘 연습 **쓰기**

시계		커피	
파		배추	
파도		도토리	
하마		우유	
피자		토마토	
타조		호미	
투수		고추	
카드		요리	

듣기 1 잘 듣고 맞는 단어를 골라 선으로 연결하세요. 🎧 16
Listen carefully and draw lines to match the correct items.

시계

커피 피자 포도 배추

모자

새 투수

타조 호수 고추

우유 카드 토마토

듣기 2 잘 듣고 맞는 것에 ✔ 하세요. 🎧 17
Listen carefully and identify the correct answers.

1)	☐ 파도	☐ 포도	6)	☐ 치즈	☐ 재즈
2)	☐ 우유	☐ 두유	7)	☐ 커피	☐ 코피
3)	☐ 호주	☐ 호수	8)	☐ 수지	☐ 휴지
4)	☐ 고추	☐ 후추	9)	☐ 여유	☐ 야유
5)	☐ 사	☐ 차	10)	☐ 타조	☐ 타자

듣기 3 잘 듣고 쓰세요. 🎧 18
Listen carefully and write what you hear.

1) 파도

2)

3)

4)

5)

6)

이중 모음 2

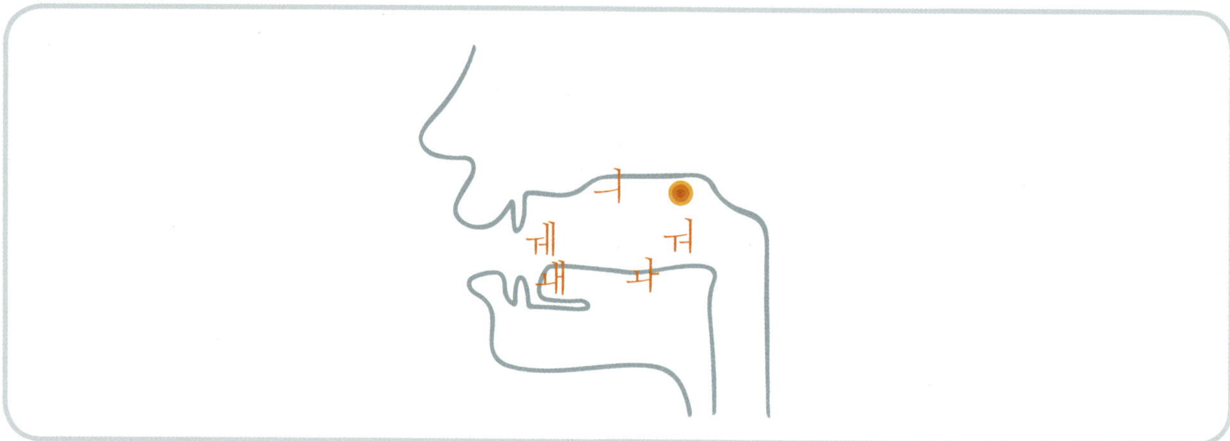

쓰기

🎧 19

문자	필순	쓰기 연습			
와					
워					
웨					
왜					
의					

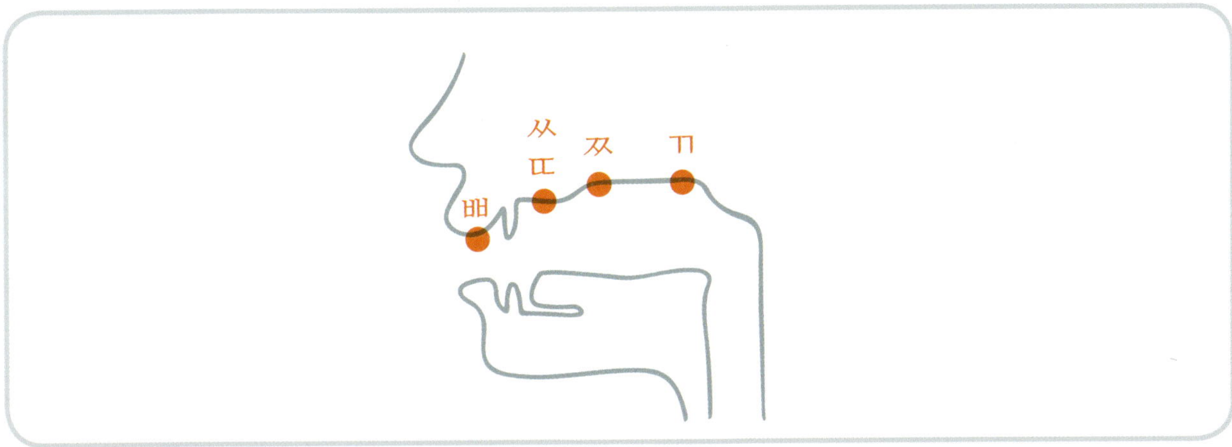

쓰기

문자	필순	쓰기 연습			
ㅃ					
ㄸ					
ㄲ					
ㅆ					
ㅉ					

읽기

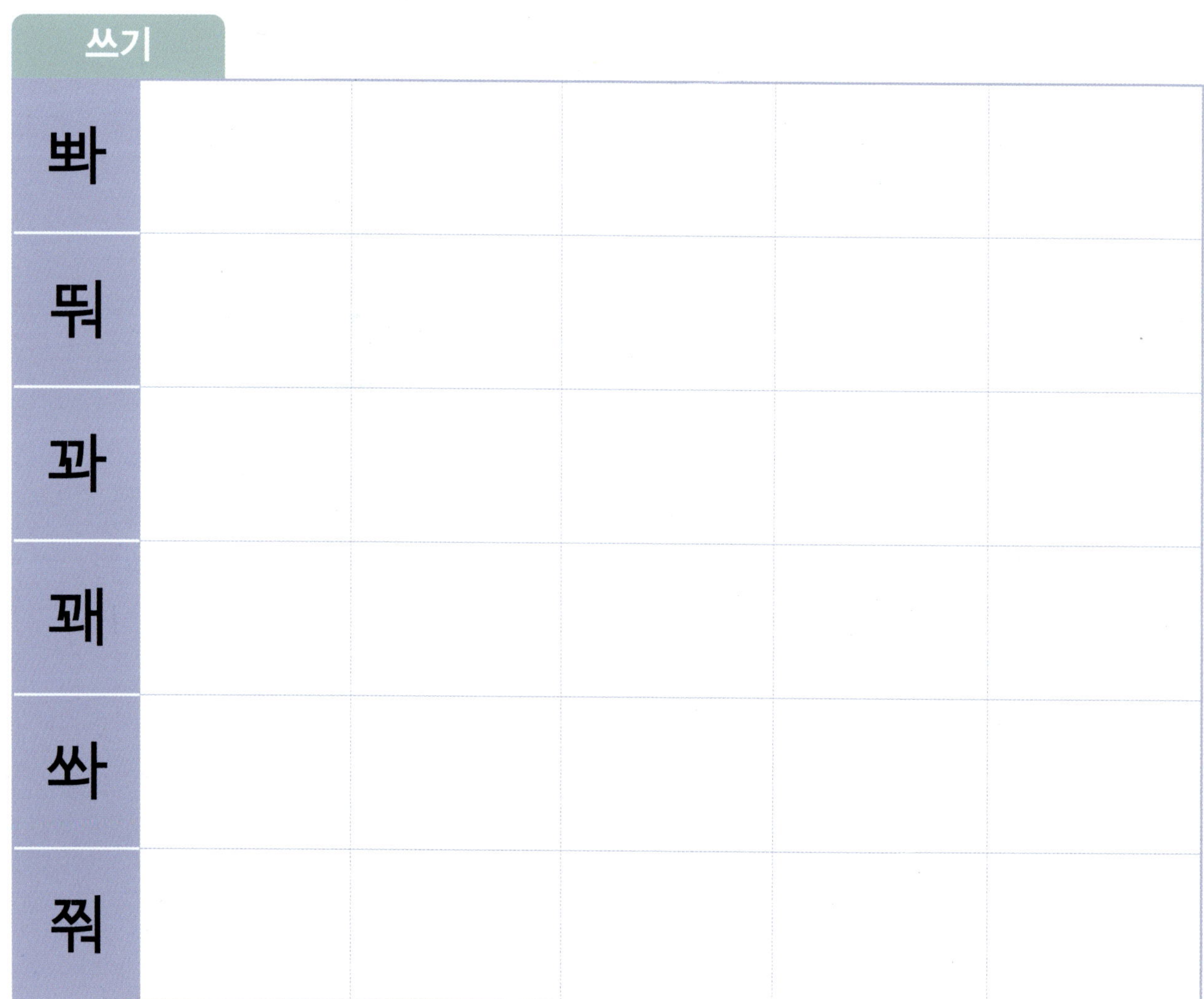

<table>
<tr><td>**쓰기**</td><td></td><td></td><td></td><td></td><td></td></tr>
<tr><td>**빠**</td><td></td><td></td><td></td><td></td><td></td></tr>
<tr><td>**뚸**</td><td></td><td></td><td></td><td></td><td></td></tr>
<tr><td>**꽈**</td><td></td><td></td><td></td><td></td><td></td></tr>
<tr><td>**꽤**</td><td></td><td></td><td></td><td></td><td></td></tr>
<tr><td>**싸**</td><td></td><td></td><td></td><td></td><td></td></tr>
<tr><td>**쮜**</td><td></td><td></td><td></td><td></td><td></td></tr>
</table>

어휘 연습 읽기

사과	왜	의자	의사
스웨터	뽀뽀	빼다	쏘다
뼈	토끼	뛰다	깨다
추워요	더워요	매워요	바빠요

어휘 연습 쓰기

사과			뼈		
왜			토끼		
의자			뛰다		
의사			깨다		
스웨터			추워요		
뽀뽀			더워요		
빼다			매워요		
쏘다			바빠요		

사과　뽀뽀　배추　왜　커피　의자　쏘다　스웨터　추워요　바빠요　뼈　깨　매워요　빼다　의사　또　토끼

듣기 2 잘 듣고 맞는 것에 ✔ 하세요. 🎧 23
Listen carefully and identify the correct answers.

1) ☐ 사과	☐ 사고	6) ☐ 예의	☐ 예외
2) ☐ 위	☐ 왜	7) ☐ 도토리	☐ 외토리
3) ☐ 의사	☐ 의자	8) ☐ 도끼	☐ 토끼
4) ☐ 벼	☐ 뼈	9) ☐ 매워요	☐ 배워요
5) ☐ 고리	☐ 꼬리	10) ☐ 바빠요	☐ 나빠요

듣기 3 잘 듣고 쓰세요. 🎧 24
Listen carefully and write what you hear.

1) 사과

2)

3)

4)

5)

6)

자음 5 **받침**

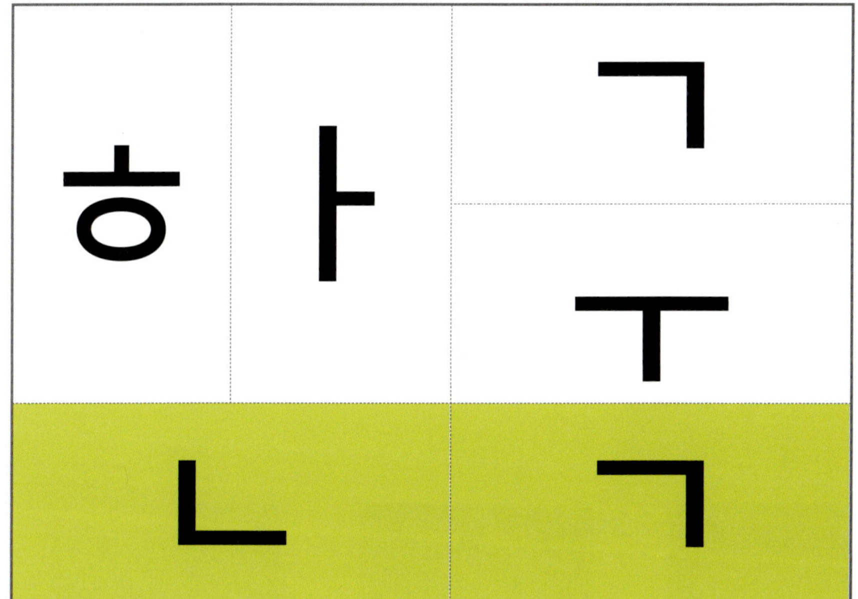

대표음	받침	어휘
ㅂ	ㅂ, ㅍ	밥[밥], 늪[늡]
ㄷ	ㄷ, ㅅ, ㅈ, ㅊ, ㅌ, ㅎ, ㅆ	곧[곧], 옷[옫], 빚[빋], 빛[빋], 끝[끋], 닿소리[닫쏘리], 갔다[갇따]
ㄱ	ㄱ, ㅋ, ㄲ	목[목], 부엌[부억], 낚시[낙씨]
ㅁ	ㅁ	감[감], 마음[마음]
ㄴ	ㄴ	산[산], 안다[안따]
ㅇ	ㅇ	강[강], 방[방]
ㄹ	ㄹ	발[발], 길[길]

앞	딸기	수박	사탕
김치	물	라면	비빔밥
자전거	비행기	지하철	밭
당근	선생님	호랑이	승무원

단어 연습 **쓰기**

앞		자전거	
딸기		비행기	
수박		지하철	
사탕		밭	
김치		당근	
물		선생님	
라면		호랑이	
비빔밥		승무원	

 잘 듣고 맞는 단어를 골라 선으로 연결하세요. 🎧 27
Listen carefully and draw lines to match the correct items.

선생님　　딸기　　밥
김치　　지하철
옷　　강
물　　수박　　비행기
산　　친구　　당근
라면　　자전거

듣기 2　잘 듣고 맞는 것에 ✔ 하세요. 🎧 28
Listen carefully and identify the correct answers.

1)	☐ 딸기	☐ 떨기	6)	☐ 감지	☐ 김치
2)	☐ 우박	☐ 수박	7)	☐ 비행기	☐ 보행기
3)	☐ 사탕	☐ 사랑	8)	☐ 수화물	☐ 지하철
4)	☐ 물	☐ 불	9)	☐ 밥	☐ 발
5)	☐ 라면	☐ 오면	10)	☐ 강	☐ 공

듣기 3　잘 듣고 쓰세요. 🎧 29
Listen carefully and write what you hear.

1) 딸기　　　4)
2)　　　5)
3)　　　6)

◎ 이름을 쓰고 읽으세요.
Write your name and read it.

이름: ___________________

빙빙   제임스   안나

◎ 빙고 게임을 해 보세요. Play a bingo game

1) 다음 빈칸에 아는 단어를 9개 쓰세요.
Write nine words you know in the space below.

2) 팀으로 나누어 친구들이 돌아가면서 단어를 부르고 그 단어가 있는 사람은 지우세요.
Divide into teams and when a word is called the person on the team holding the words crosses out any matching words.

3) 제일 먼저 한 줄이 완성된 사람이 이기는 게임이에요.
The winner is the first one with a finished line.

음절표

	ㅏ	ㅓ	ㅗ	ㅜ	ㅡ	ㅣ	ㅔ	ㅐ	ㅟ	ㅚ	ㅑ	ㅕ	ㅛ	ㅠ	ㅖ	ㅒ	ㅘ	ㅝ	ㅞ	ㅙ	ㅢ
ㅂ	바	버	보	부	브	비	베	배	뷔	뵈	뱌	벼	뵤	뷰	볘	뱨	봐	붜	붸	봬	븨
ㄷ	다	더	도	두	드	디	데	대	뒤	되	댜	뎌	됴	듀	뎨	댸	돠	둬	뒈	돼	듸
ㄱ	가	거	고	구	그	기	게	개	귀	괴	갸	겨	교	규	계	걔	과	궈	궤	괘	긔
ㅅ	사	서	소	수	스	시	세	새	쉬	쇠	샤	셔	쇼	슈	셰	섀	솨	숴	쉐	쇄	싀
ㅈ	자	저	조	주	즈	지	제	재	쥐	죄	쟈	져	죠	쥬	졔	쟤	좌	줘	줴	좨	즤
ㅎ	하	허	호	후	흐	히	헤	해	휘	회	햐	혀	효	휴	혜	햬	화	훠	훼	홰	희
ㅁ	마	머	모	무	므	미	메	매	뮈	뫼	먀	며	묘	뮤	몌	먜	뫄	뭐	뭬	뫠	믜
ㄴ	나	너	노	누	느	니	네	내	뉘	뇌	냐	녀	뇨	뉴	녜	냬	놔	눠	눼	놰	늬
ㅇ	아	어	오	우	으	이	에	애	위	외	야	여	요	유	예	얘	와	워	웨	왜	의
ㄹ	라	러	로	루	르	리	레	래	뤼	뢰	랴	려	료	류	례	럐	롸	뤄	뤠	뢔	릐
ㅍ	파	퍼	포	푸	프	피	페	패	퓌	푀	퍄	펴	표	퓨	폐	퍠	퐈	풔	풰	퐤	픠
ㅌ	타	터	토	투	트	티	테	태	튀	퇴	탸	텨	툐	튜	톄	턔	톼	퉈	퉤	퇘	틔
ㅋ	카	커	코	쿠	크	키	케	캐	퀴	쾨	캬	켜	쿄	큐	켸	컈	콰	쿼	퀘	쾌	킈
ㅊ	차	처	초	추	츠	치	체	채	취	최	챠	쳐	쵸	츄	쳬	챼	촤	춰	췌	쵀	츼
ㅃ	빠	뻐	뽀	뿌	쁘	삐	뻬	빼	쀠	뾔	뺘	뼈	뾰	쀼	뼤	뺴	뽜	뿨	쀄	뽸	쁴
ㄸ	따	떠	또	뚜	뜨	띠	떼	때	뛰	뙤	땨	뗘	뚀	뜌	뗴	떄	똬	뚸	뛔	뙈	띄
ㄲ	까	꺼	꼬	꾸	끄	끼	께	깨	뀌	꾀	꺄	껴	꾜	뀨	꼐	꺠	꽈	꿔	꿰	꽤	끠
ㅆ	싸	써	쏘	쑤	쓰	씨	쎄	쌔	쒸	쐬	쌰	쎠	쑈	쓔	쎼	썌	쏴	쒀	쒜	쐐	씌
ㅉ	짜	쩌	쪼	쭈	쯔	찌	쩨	째	쮜	쬐	쨔	쪄	쬬	쮸	쪠	쨰	쫘	쭤	쮀	쫴	찍

01 한국어 사전 찾기 Find a Korean Dictionary

 한국어 사전 찾기는 한글의 알파벳 순서대로 찾으면 된다. 여기에서 한글의 알파벳 순서는 한국어의 어휘를 이루고 있는 각 음절의 첫소리의 자음, 모음, 끝소리의 자음의 순서로 찾으면 되는데 그 순서는 다음과 같다.

 You can find words in a Korean dictionary in alphabetical order. Here, the order of the Korean alphabet is the beginning consonants of syllables, followed by vowels, and the ending consonants of symbols in the Korean vocabulary.

순서		각 첫소리(자음), 모음, 끝소리(자음)의 순서
1	자음	ㄱ, ㄲ, ㄴ, ㄷ, ㄸ, ㄹ, ㅁ, ㅂ, ㅃ, ㅅ, ㅆ, ㅇ, ㅈ, ㅉ, ㅊ, ㅋ, ㅌ, ㅍ, ㅎ
2	모음	ㅏ, ㅐ, ㅑ, ㅒ, ㅓ, ㅔ, ㅕ, ㅖ, ㅗ, ㅘ, ㅙ, ㅚ, ㅛ, ㅜ, ㅝ, ㅞ, ㅟ, ㅠ, ㅡ, ㅢ, ㅣ
3	받침	ㄱ, ㄲ, ㄳ, ㄴ, ㄵ, ㄶ, ㄷ, ㄹ, ㄺ, ㄻ, ㄼ, ㄽ, ㄾ, ㄿ, ㅀ, ㅁ, ㅂ, ㅄ, ㅅ, ㅆ, ㅇ, ㅈ, ㅊ, ㅋ, ㅌ, ㅍ, ㅎ

02 한글 자음의 이름 Name of Korean Vowels

글자	ㅂ	ㄷ	ㄱ	ㅅ	ㅈ	ㅎ
이름	비읍	디귿	기역	시옷	지읒	히읗
글자	ㅍ	ㅌ	ㅋ		ㅊ	
이름	피읖	티읕	키읔		치읓	
글자	ㅃ	ㄸ	ㄲ	ㅆ	ㅉ	
이름	쌍비읍	쌍디귿	쌍기역	쌍시옷	쌍지읒	
글자	ㅁ	ㄴ	ㅇ			
이름	미음	니은	이응			
글자		ㄹ				
이름		리을				

한국어	영어	중국어	베트남 어
보세요.	Look at me.	请看	Hãy xem đi.
들으세요.	Please listen.	请听	Hãy nghe đi.
읽으세요.	Please read.	请读	Hãy đọc đi.
쓰세요.	Please write.	请写	Hãy viết đi.
말하세요.	Please speak.	请说	Hãy nói đi.
따라 하세요.	Repeat after me.	请模仿	Hãy làm theo đi.
쉬세요.	Take a rest.	休息一下	Hãy nghỉ đi
네, 알아요.	Yes, I know.	是的，知道了	Vâng, tôi biết.
아니요, 몰라요.	No, I don't know.	不，不知道	Không, tôi không biết.
좋아요.	It is good.	好, 行	Tốt quá.
질문 있어요?	Do you have a question?	有问题吗？	Bạn có câu hỏi nào không?

자기소개

어휘 Vocabulary

국적 관련 어휘 Vocabulary related to nationality

문법 Grammar

명사 이에요/예요, 명사 은/는,
명사 입니다/입니까?, 명사 이/가 아니다

1 아는 어휘에 ✓ 해 보세요.
Identify the words you know.

2 잘 듣고 알맞게 쓰세요. 🎧 30
Listen and try to fill in the blanks.

1) 한   2) 프랑   3) 중   4) 베트

5)   6)   7)   8)

3 여러분이 아는 나라를 써 보세요.
Fill in the names of all the countries you know.

4 여러분은 어디에 갔어요? 어디에 가고 싶어요?
What countries have you visited, and what countries do you hope to visit?

명사 이에요/예요

- 중국 사람**이에요**.

- 인도**예요**.

- 가: 한국 사람**이에요**?

  나: 아니요, 몽골 사람**이에요**.

'이에요/예요'는 명사와 결합하여 문장의 종결을 나타낸다. 명사에 받침이 있으면 '이에요', 받침이 없으면 '예요'가 된다. 문장의 마지막을 올리면 질문이고 내리면 대답이다.

'이에요/예요' are used when the noun is located before the end of the sentence. '이에요' is used if the noun ends in a final consonant while '예요' is used if the noun ends in a vowel. If you raise your voice at the end of a sentence with '이에요/예요', it indicates a question.

---

1 알맞게 연결하고 쓰세요.
Connect the vocabulary words to the proper endings.

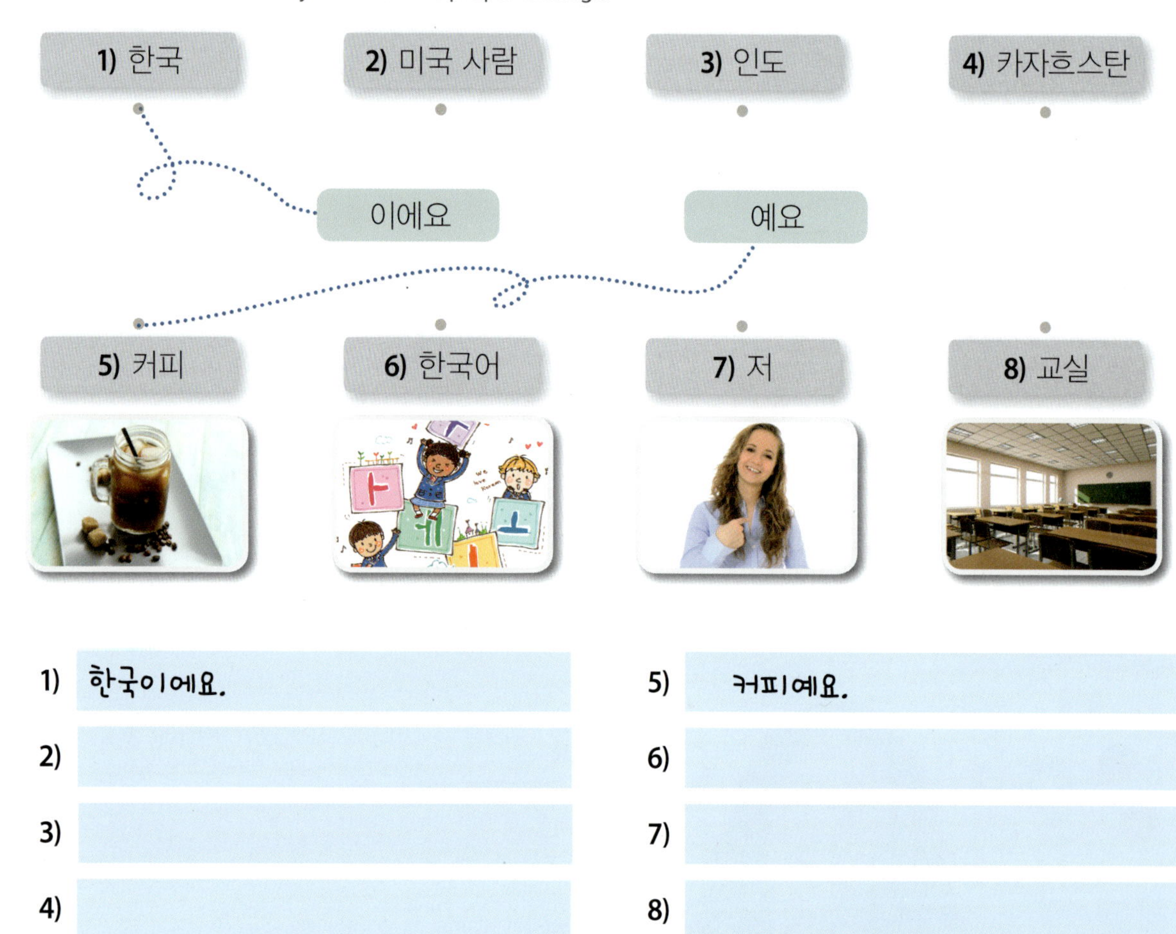

1) 한국이에요.

5) 커피예요.

2)

6)

3)

7)

4)

8)

2 〈보기〉와 같이 대화를 만들어 보세요.
Create conversations based on the example.

〈보기〉
가: 어디예요?
나: 한국이에요.

1) 가: 어디예요?

나:

학교

2) 가: 어디예요?

나:

제주도

3) 가: 어느 나라 사람이에요?

나:

베트남 사람

4) 가: 어느 나라 사람이에요?

나:

4) ?

3 여러분이 좋아하는 단어를 5개 찾아보세요. 그리고 〈보기〉와 같이 친구에게 소개해 보세요.
Choose five words you like and explain them to your classmates based on the example.

〈보기〉 사랑이에요.

명사 은/는

- 히엔**은** 베트남 사람이에요.

- 여기**는** 학교예요.

- 가: 어느 나라 사람이에요?
  나: 저**는** 몽골 사람이에요.

'은/는'은 명사와 결합하여 문장에서 화제임을 나타내는 보조사이다. 명사에 받침이 있으면 '은', 받침이 없으면 '는'이 된다.

'은/는' are auxiliary cues to a noun to indicate a topic in a sentence. Use '은' if the noun ends in a consonant and use '는' if the noun ends in a vowel.

---

1 알맞게 연결하고 쓰세요.
Connect the words properly and write down complete answers.

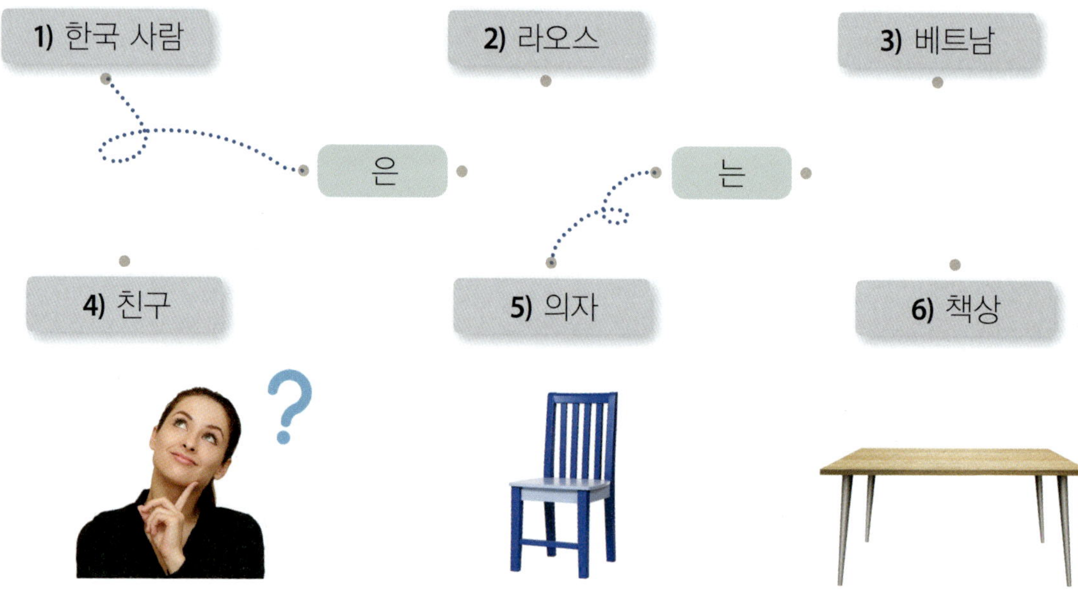

1) 한국 사람은	4)
2)	5) 의자는
3)	6)

 〈보기〉와 같이 대화를 완성해 보세요.
Create sentences as the example indicates.

〈보기〉

가: 여기는 어디예요?
나: 여기는 학교예요.

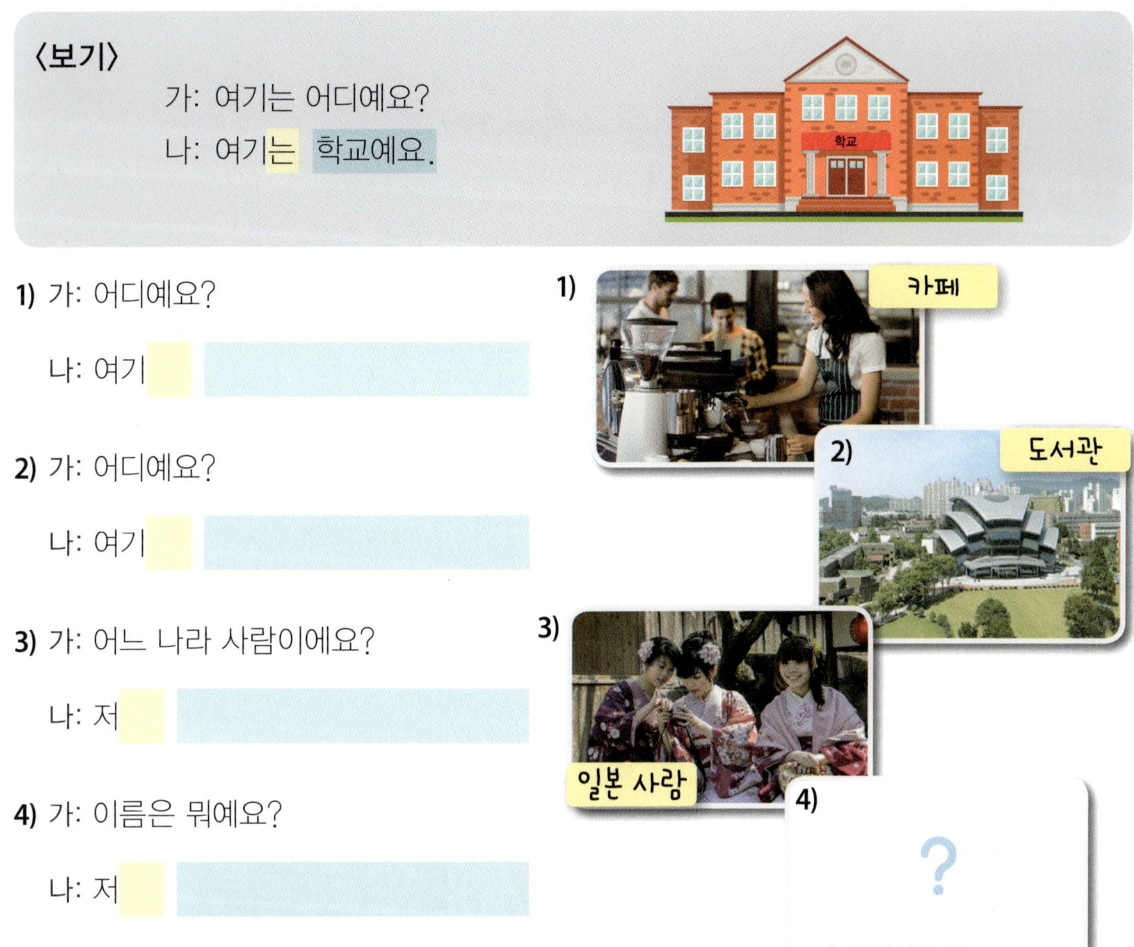

1) 가: 어디예요?

　　나: 여기

2) 가: 어디예요?

　　나: 여기

3) 가: 어느 나라 사람이에요?

　　나: 저

4) 가: 이름은 뭐예요?

　　나: 저

3 **〈보기〉와 같이 문장을 완성해 보세요.**
Complete new sentences according to the example.

● 새로 나온 표현 ●

여기

〈보기〉

| 여기 | 어디 | 여기는 어디예요? |

1) 저　　말레이시아 사람

2) 여기　　교실

3) 선생님　　한국 사람

4) ?　　?

명사 입니다/입니까?

- 교실**입니다**.

- 가: 한국 사람**입니까**?
  나: 네, 한국 사람**입니다**.

- 가: 여기는 어디**입니까**?
  나: 여기는 영국**입니다**.

'입니다/입니까'는 명사와 결합하여 문장의 서술어가 되게 한다. '이에요/예요'는 비공식적인 말하기에서, '입니다/입니까'는 공식적인 말하기에서 사용한다.

If '입니다/입니까' are preceded by a noun, the sentence becomes a predicate. '이에요/예요' are used in informal speaking, while '입니다/입니까' are used in formal speech.

1 알맞게 쓰세요.
Look at the pictures and complete the sentences.

1) 

한국 사람입니다.

2) 

3)

4) 

5) 

6) 

가수입니다.

7) 

8) 

2 누구입니까? 알맞게 쓰세요.
Who is it? Match the words with the pictures.

친구　　선생님　　룸메이트　　여자 친구　　남자 친구　　누구

1) 룸메이트입니다.

2)

3)

4)

5)

6) 누구입니까?

3 〈보기〉와 같이 써 보세요. 그리고 이야기해 보세요.
Follow the example to provide information about yourself and talk with your classmates.

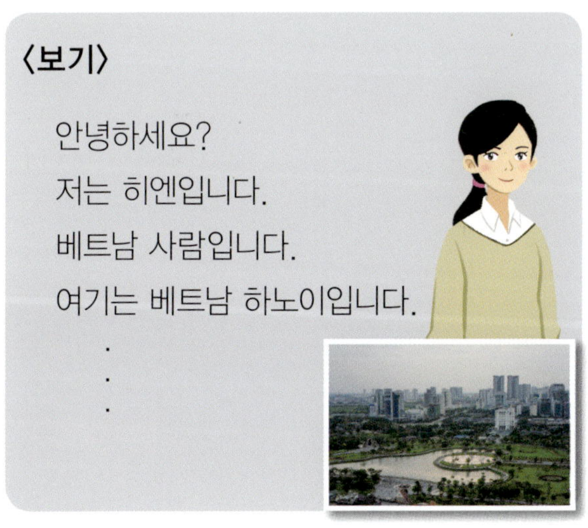

〈보기〉

안녕하세요?
저는 히엔입니다.
베트남 사람입니다.
여기는 베트남 하노이입니다.

명사 이/가 아니다

- 저는 선생님**이 아니에요**.

- 커피**가 아니에요**.

- 가: 일본 사람입니까?
  나: 저는 일본 사람**이 아닙니다**. 중국 사람입니다.

'이/가'는 명사와 결합하여 문장의 주어임을 나타내는 조사이다. 받침이 있는 명사 뒤에는 '이', 받침이 없는 명사 뒤에는 '가'가 붙는다. '아니다'는 어떤 것을 부정하는 뜻을 나타낸다. 비공식적인 말하기에서는 '아니에요'를, 공식적인 말하기에서는 '아닙니다'를 사용한다.

'이/가' are postpositional particles which are attached to nouns indicating the subject of a sentence. '이' is used with nouns that end in consonants and '가' is used with nouns that end in vowels. '아니다' is used to deny a claim or description or to point out that someone is mistaken. Use '아니에요' in casual speech and '아닙니다' in official conversation.

---

1 〈보기〉와 같이 알맞게 쓰세요.
Complete the sentences as the example indicates.

> 〈보기〉 가: 일본 사람이에요?
> 나: 아니요, 일본 사람이 아니에요.

1) 

가: 회사원이에요?
나: 아니요, ___________________.

2) 

가: 의사예요?
나: 아니요, ___________________.

3) 

가: 학생이에요?
나: 아니요, ___________________.

4) 

가: 한국 사람이에요?
나: 아니요, ___________________.

5)

가: 가수예요?
나: 아니요, ___________________.

2 안에 알맞은 것을 쓰세요.

Fill in the blank with the correct subject marker.

1) 선생님⬜ 아니에요.

2) 여기는 라오스⬜ 아니에요. 베트남이에요.

3) 친구는 회사원⬜ 아닙니다. 학생입니다.

4) 여기는 2급 교실⬜ 아니에요. 1급 교실이에요.

5) 저는 제나⬜ 아니에요. 안나예요.

6) 가: 경찰이에요?

    나: 아니요, 저는 경찰⬜ 아니에요.

3 여러분이 하고 싶은 직업이 있어요? 다음 중에서 하나만 쓰세요. 그리고 〈보기〉와 같이 이야기해 보세요.

What kind of job do you want to have? Write down one of the following jobs you are interested in. Ask your classmates to find out who has that job as indicated in the example.

〈보기〉	가: 안나 씨, 경찰이에요?
	나: 아니요, 저는 경찰이 아니에요.
	가: 히엔 씨, 경찰이에요?
	나: 네, 저는 경찰이에요.

친구 이름	직업	친구 이름	직업
히엔	경찰		

학생들이 쓴 직업은 다른 친구들이 모릅니다. 친구에게 〈보기〉와 같이 물어보면서 친구가 쓴 직업을 알도록 지도해 주세요.

1 다음 그림과 알맞은 어휘를 연결하세요.
Match the pictures to the correct words.

1) 

2) 

3) 

4) 

베트남

중국

선생님

가수

2 알맞은 표현을 골라 문장을 완성해 보세요.
Select the appropriate vocabulary to complete the sentence.

1) 가: 선생님이에요?
   나: 아니요, 학생 **이에요**. (☑이에요/☐예요)

2) 가: 배우예요?
   나: 아니요, _____________. (☐이에요/☐예요)

3) 가: 운동선수예요?
   나: 네, _____________. (☐이에요/☐예요)

4) 가: 미용사예요?
   나: 아니요, _____________. (☐이에요/☐예요)

5) 가: 가수예요?
   나: 아니요, _____________. (☐이에요/☐예요)

3 〈보기〉와 같이 대화를 완성해 보세요.
Create sentences as the example indicates.

〈보기〉

가: 한국 사람이에요?
나: 네, 한국 사람이에요.
　　아니요, 한국 사람이 아니에요.

1) 가: 베트남 사람이에요?

　　나: 네, ________________________.

　　　　아니요, ________________________.

2) 가: 미국 사람이에요?

　　나: 네, ________________________.

　　　　아니요, ________________________.

3) 가: 의사예요?

　　나: 네, ________________________.

　　　　아니요, ________________________.

4) 가: 한국어 선생님이에요?

　　나: 네, ________________________.

　　　　아니요, ________________________.

4 알맞은 것을 골라 대화를 완성해 보세요.
Choose an appropriate word and complete the conversations.

1) 가: 중국 사람이에요?

　　나: 아니요, 저(은/는) 중국 사람(이/가) 아니에요.
　　　　말레이시아 사람(이에요/예요).

2) 가: 여기(은/는) 어디예요?

　　나: 인천 공항(이에요/예요).

3) 가: 안나 씨(은/는) 어느 나라 사람입니까?

　　나: 안나 씨(은/는) 캐나다 사람(이에요/예요).

4) 가: 경찰(이에요/예요)?

　　나: 아니요, 경찰(이/가) 아니에요.

5) 가: 의사(이에요/예요)?

　　나: 저(은/는) 의사(이/가) 아니에요.

2 물건과 장소

어휘 Vocabulary

물건과 장소 관련 어휘 Vocabulary related to objects and places

문법 Grammar

명사 이/가 있어요/없어요, 명사 하고 명사, 위치,
명사 에 있어요/없어요, 명사 에 가요

Mt. Sorak
Soyangdamt
Gondeure Rice
Gangwon Potato
Bongpeong Bockwheat
Hoengseong Korean beef
Daegwallyeong Yangtte p
on Corn
Mu

1 아는 어휘에 ✔ 해 보세요.
Identify the words you know.

☐ 책상	☐ 의자	☐ 칠판	☐ 컴퓨터
☐ 책	☐ 공책	☐ 필통	☐ 볼펜
☐ 가방	☐ 지갑	☐ 휴대 전화	
☐ 화장지	☐ 물병	 ☐ 교통 카드	

2 잘 듣고 알맞은 번호를 쓰세요. 31
Listen and try to number the objects in the correct order.

3 뭐가 있어요? 물건의 이름을 써 보세요.
Write down the name of the object you see.

4 우리 교실에 뭐가 있어요? 이야기해 보세요.
What is in our classroom? Tell me what you see.

책상

의자

컴퓨터

토니

지나

히엔

명사 이/가 있어요/없어요

- 가방**이 있어요.**

- 커피**가 없어요.**

- 가: 남자 친구**가 있어요?**
  나: 아니요, 남자 친구**가 없어요.**

'이/가 있어요/없어요'는 앞에 오는 명사의 존재를 묻는 표현이다. 명사에 받침이 있으면 '이 있어요/없어요', 받침이 없으면 '가 있어요/없어요'가 된다.

'이/가 있어요/없어요' expresses the presence or absence of the preceding noun. Use '이 있어요/없어요' if the preceding noun ends in a consonant, but use '가 있어요/없어요' if the preceding noun ends in a vowel.

---

1 알맞게 연결하고 쓰세요.
Connect the vocabulary words to the proper endings.

1) 화장지 (○)   **2)** 필통 (○)   **3)** 지갑 (×)   **4)** 여자 친구 (×)

이 있어요/없어요   가 있어요/없어요

5) 시계 (○)   **6)** 거울 (×)   **7)** 지우개 (×)   **8)** 한국 친구 (○)

1) 화장지가 있어요.   5)

2)   6) 거울이 없어요.

3)   7)

4)   8)

2 교실에 뭐가 있어요? 다음 표에 ○, ×를 표시하고 〈보기〉와 같이 이야기해 보세요.
What is in the classroom? Put o or x in the box and talk with your classmates as the example indicates.

칠판	○	필통	
가방		휴대 전화	
지갑		거울	
시계	×	화장지	
공책		펜	

〈보기〉

빙빙: 칠판이 있어요?

마크: 네, 칠판이 있어요.

〈보기〉

빙빙: 시계가 있어요?

마크: 아니요, 시계는 없어요.

3 여러분 가방에 뭐가 있어요? 친구와 이야기해 보세요.
What is in your bag? Take turns answering your partner's questions about what is in your bag.

가: 한국어 책이 있어요?

나: 네, 있어요.

가: 교통 카드가 있어요?

나: 아니요, 없어요.

명사 하고 명사

- 한국 사람**하고** 중국 사람이 있어요.

- 지우개**하고** 컴퓨터가 있어요.

- 가: 화장지**하고** 공책이 있어요?
  나: 네, 화장지**하고** 공책이 있어요.

'하고'는 명사와 명사 사이에 쓰여 둘 이상의 사물이나 사람을 이어 주는 조사이다. 주로 구어에서 사용한다.

'하고' is a post positional particle that is used to enumerate items/persons on the same level, and it means 'and' or 'together with'. It is mainly used for speaking.

'와/과'
'책상하고 연필'은 '책상과 연필', '친구하고 같이' 는 '친구와 같이'처럼 쓸 수 있다. '와/과'는 문어에 서 주로 사용한다.

---

1 〈보기〉와 같이 알맞게 쓰세요.
Follow the example to list the objects in each case.

〈보기〉 책상**하고** 의자

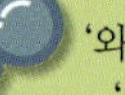

1)

2)

3)

4)

5)

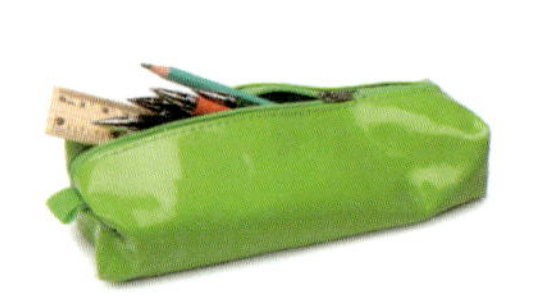

2 〈보기〉와 같이 대화를 완성해 보세요.
Create sentences as the example indicates.

〈보기〉

가: 누가 있어요?

나: 성민 씨하고 안나 씨가 있어요.

1) 가: 뭐가 있어요?

나: ________________________________ .

2) 가: 뭐가 있어요?

나: ________________________________ .

3) 가: 누가 있어요?

나: ________________________________ .

4) 가: 뭐가 있어요?

나: ________________________________ .

3 우리 교실에 뭐가 있어요? 〈보기〉와 같이 친구들과 이어서 말해 보세요.
What is there in our classroom? Identify all the objects with your classmates one after another as set out in the example.

〈보기〉 마크: 책상이 있어요.

지나: 책상하고 의자가 있어요.

아오이: 책상하고 의자하고 필통이 있어요.

제임스: 책상하고 의자하고 필통하고 시계가 있어요.

⋯⋯

📄 위치

- 책 **위**에 사과가 있어요.

- 가방 **안**에 지갑이 있어요.

- 가: 어디예요?
  나: 도서관 **앞**이에요.

한국어는 사람이나 사물의 기준을 중심으로 '위, 아래, 앞, 뒤, 안, 밖, 옆, 사이' 등을 사용하여 위치를 나타낸다.

The position of a person or object can be expressed by adding location indicators such as '위, 아래, 앞, 뒤, 안, 밖, 옆, and 사이' after a noun.

※ 사과가 어디에 있어요? 그림을 보고 알맞게 쓰세요.
Where are the things? Use the pictures to correctly describe the position of the thing.

1)

책 위

2)

3)

4)

5)

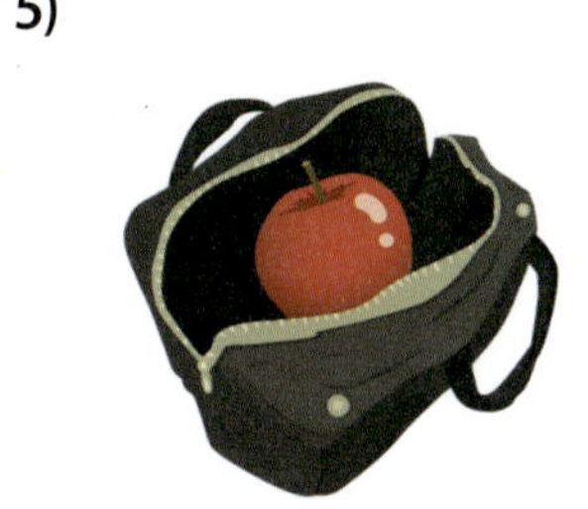

6)

7)

8)

9)

명사 에 있어요/없어요

- 우유가 냉장고**에 있어요.**

- 화장지가 화장실**에 없어요.**

- 가: 히엔 씨가 어디**에 있어요?**

  나: 카페**에 있어요.**

‘에 있어요/없어요’는 장소를 가리키는 명사와 결합하여 사물이나 사람이 있는 장소를 나타낸다.

‘에 있어요/없어요’ are used in conjunction with a place noun to indicate the location of a person or object.

---

1 어디에 있어요? 알맞게 쓰세요.
Where is it? Fill in the questions and answers properly.

1) 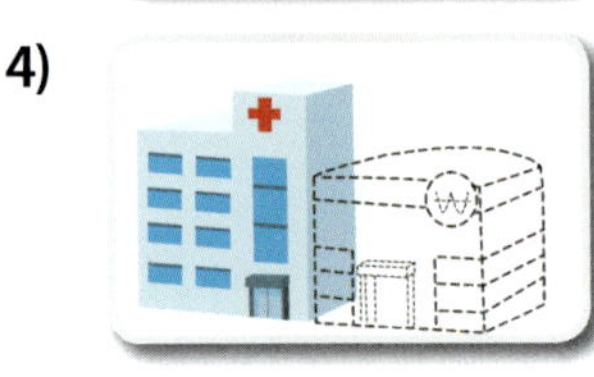
가: 지갑이 가방 안에 있어요?
나: 네, 지갑이 가방 안에 있어요.

2)
가: 책이 ＿＿＿＿＿＿＿＿＿＿？
나: 아니요, 책이 의자 아래에 없어요.

3)
가: 필통이 ＿＿＿＿＿＿＿＿＿＿？
나: ＿＿＿＿＿＿＿＿＿＿．

4)
가: 은행이 ＿＿＿＿＿＿＿＿＿＿？
나: ＿＿＿＿＿＿＿＿＿＿．

5)
가: ＿＿＿＿＿＿＿＿＿＿？
나: ＿＿＿＿＿＿＿＿＿＿．

2 친구들이 어디에 있어요? 그림을 보고 알맞게 쓰세요.
Where are our classmates? Describe their location.

1) 가: 마크 씨하고 빙빙 씨는 어디에 있어요?

   나: 마크 씨하고 빙빙 씨는 교실에 있어요 .

2) 가: 성민 씨하고 안나 씨는 어디에 있어요?

   나: .

3) 가: ?

   나: .

4) 가: ?

   나: .

3 우리 학교에 무엇이 어디에 있어요? 〈보기〉와 같이 친구하고 이야기해 보세요.
What is in our school? Talk to your partners about what can be found in our school.

〈보기〉
가: 학생 식당은 어디에 있어요?
나: 학생 식당은 경영관에 있어요.

명사 에 가요

- 유미 씨가 중국**에 가요**.

- 친구는 학생 식당**에 가요**.

- 가: 빙빙 씨, 지금 어디**에 가요**?
  나: 박물관**에 가요**.

'에 가요'는 장소를 가리키는 명사와 결합하여 그 장소로 이동함을 나타낸다.
'에 가요' is a post positional marker attached to a place noun to indicate a place one is about to move to.

1 어디에 가요? 알맞게 쓰세요.
Where are you going? Write down the correct answers.

● 새로 나온 표현 ●
지금

기숙사

1)　　기숙사에 가요

휴게실

2)

카페

3)

은행

4)

학생 식당

5)

도서관

6)

공항

7)

명동

8)

지하철역

9)

2 친구들이 어디에 가요? 자유롭게 연결하고 문장을 만들어 보세요.
Where are your classmates going? Complete the questions and answers.

1) 가: 빙빙 씨는 어디에 가요?

　　나: 빙빙 씨는 학생 식당에 가요.

2) 가: 지나 씨는 어디에 가요?

　　나:

3) 가: 토니 씨는 　　　　　　　　　　　　　?

　　나:

4) 가 : 성민 씨는 　　　　　　　　　　　　　?

　　나:

5) 가: 제임스 씨는 　　　　　　　　　　　　?

　　나:

6) 가: 안나 씨는 　　　　　　　　　　　　　?

　　나:

3 어디에 가요? 친구하고 이야기해 보세요.
Where are you going today? Discuss with your classmates.

마크: 명동

가: 마크 씨, 어디에 가요?

나: 저는 명동에 가요.

친구 1:

친구 2:

친구 3:

1 다음 그림과 알맞은 어휘를 연결하세요.
Match the pictures to the correct vocabulary.

1)   지갑

2)   가방

3)   화장지

4)   영화관

5)   미용실

6)   기숙사

2 알맞은 어휘를 쓰세요.
Fill in the blanks with appropriate vocabulary.

1) 가: 히엔 씨가 지금 어디에 있어요?

    나: 히엔 씨는 지금 __________ 에 있어요.

2) 가: 공책이 어디에 있어요?

    나: 공책은 __________ 위에 있어요.

3) 가: 안나 씨, __________ 안에 뭐가 있어요?

    나: 책하고 거울이 있어요.

4) 가: 빙빙 씨, 지금 __________ 에 가요?

    나: 네, 기숙사에 가요.

5) 가: 유미 씨, 지금 어디에 가요?

    나: 저는 지금 __________ 에 가요.

3 알맞은 문법 항목을 골라 문장을 완성해 보세요.
Select the appropriate grammar items to complete the sentences.

이/가 있어요/없어요	에 있어요/없어요

1) 제임스 씨가 선생님 앞   있어요.

2) 교실 옆   휴게실   있어요.

3) 책상 위   컴퓨터   있어요.

4) 가: 병원이 어디에 있어요?

   나: 병원은 은행 옆   .

5) 가: 방 안에 의자가 있어요?

   나: 아니요, 의자   .

4 알맞은 문법 항목을 골라 대화를 완성해 보세요.
Select the appropriate grammar items to complete the conversations.

하고	에 가요

1) 가: 교실에 누가 있어요?

   나: 교실에 선생님   학생이 있어요.

2) 가: 가방 안에 뭐가 있어요?

   나: 가방 안에 지갑   휴대 전화가 있어요.

3) 가: 카페가 어디에 있어요?

   나: 카페는 서점   편의점 사이에 있어요.

4) 가: 지나 씨, 지금 어디   가요?

   나: 학생 식당   가요.

5) 가: 아오이 씨, 지금 어디   ?

   나: 미용실   .

3

하루 일과

어휘 Vocabulary

하루 일과 관련 어휘 Vocabulary related to daily routines

문법 Grammar

동사 형용사 아요/어요/여요, 명사 을/를,
숫자 (1), 숫자 (2), 명사 에

1 아는 어휘에 ✔ 해 보세요.
Identify the words you know.

☐ 읽어요	☐ 요리해요	☐ 마셔요
☐ 먹어요	☐ 만나요	☐ 운동해요

2 알맞게 연결해 보세요.
Match the vocabulary with the corresponding pictures.

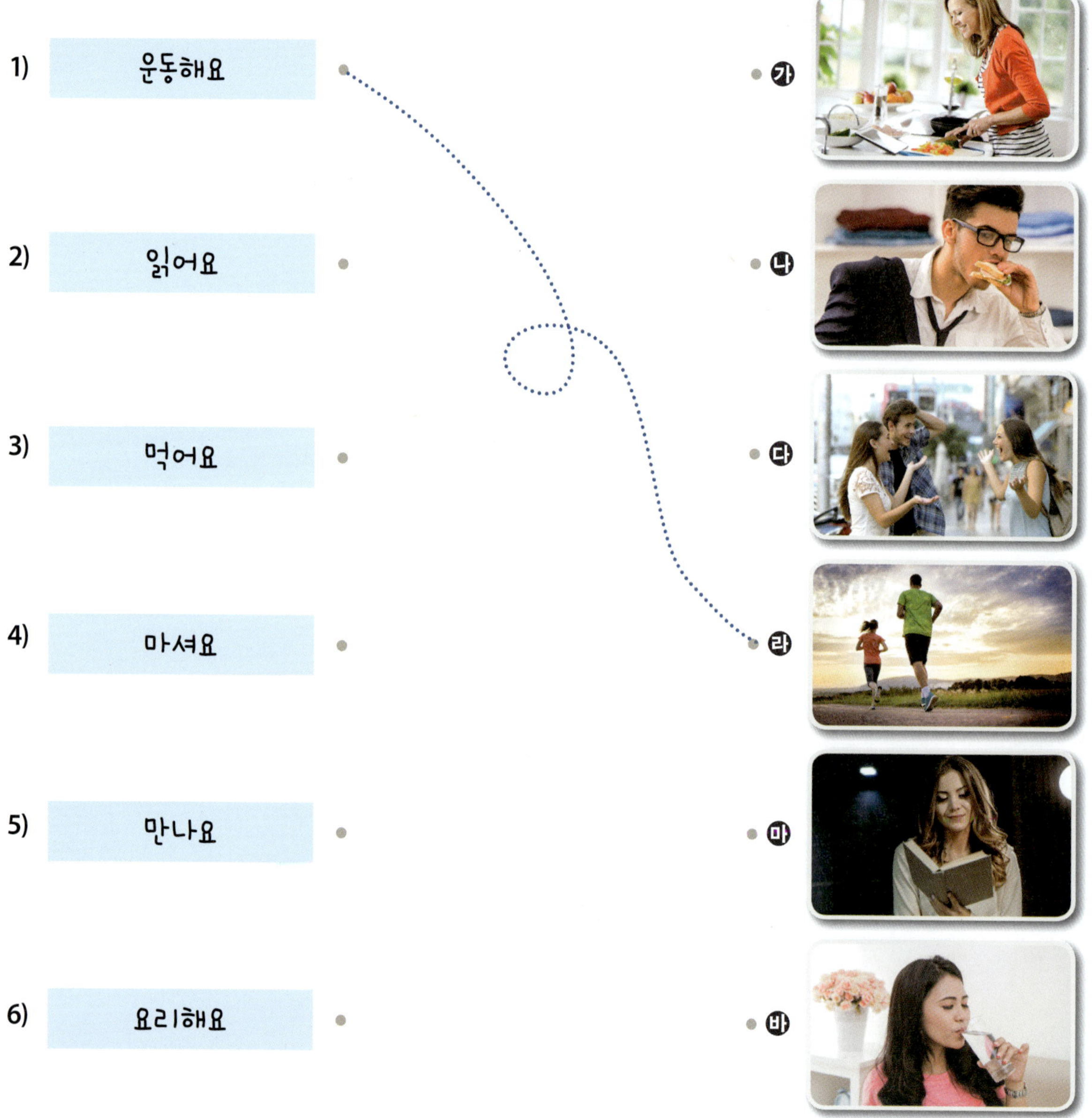

1) 운동해요

2) 읽어요

3) 먹어요

4) 마셔요

5) 만나요

6) 요리해요

가
나
다
라
마
바

3 아는 어휘에 ✓ 해 보고 그림에 알맞은 어휘를 써 보세요.
Check the vocabulary you know and match the correct vocabulary with the pictures.

☐ 많아요	☐ 좋아요	☐ 맛있어요	☐ 재미있어요	☐ 커요
☐ 적어요	☐ 나빠요	☐ 맛없어요	☐ 재미없어요	☐ 작아요

커요　　　　　　　　　적어요

좋아요

4 그림을 보고 알맞게 써 보세요.
Look at the pictures and complete the sentences.

1) 

읽어요 .

2) 

.

3) 

.

5 그림을 보고 문장을 완성해 보세요.
Look at the pictures and complete the sentences.

1) 

사과는 　　　　　 .

2) 

한국어는 　　　　　 .

동사 형용사 아요/어요/여요

- 저는 한국 친구가 많**아요**.

- 유미 씨는 책을 읽**어요**.

- 가: 성민 씨, 지금 뭐 **해요**?
  나: 운동**해요**.

'–아요/어요/여요'는 동사, 형용사와 결합하여 문장의 종결을 나타낸다. 어간의 모음이 'ㅏ, ㅗ'로 끝나면 '–아요'가 되며, 그 외에는 '–어요'가 된다. '하다'가 붙는 동사나 형용사는 모두 '해요'가 된다.

When using verbs and adjectives in the present tense, add '아요/어요/해요' to denote the ending of the sentence. Use '아요' after ㅏ and ㅗ and '어요' after all the others. All verbs and adjectives attached to '하다' take on the '해요' form.

1 알맞게 쓰세요.
Fill in the spaces with appropriate answers.

	–아요/어요/여요				
작다	**작아요**	먹다	**먹어요**	공부하다	**공부해요**
좋다		크다		요리하다	
많다		적다		운동하다	
가다		재미있다		청소하다	
만나다		마시다		좋아하다	

2 그림을 보고 〈보기〉와 같이 이야기해 보세요.
Look at the pictures and talk according to the example.

〈보기〉

공부해요.

가: 뭐 해요?
나: 공부해요.

1) 

2) 

3) 

4) 

3 〈보기〉와 같이 대화를 완성해 보세요.
Create sentences as the example indicates.

〈보기〉

가: 공부해요?
나: 네, 공부해요.

1)

가: 먹어요?
나: 네, __________.

2)
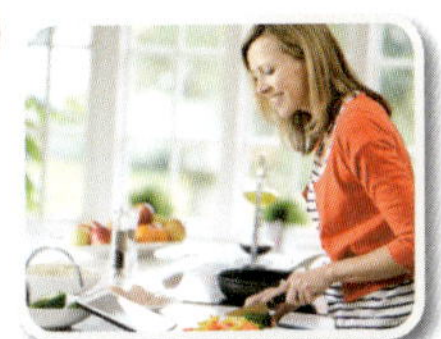
가: 운동해요?
나: 아니요, __________.

3)

가: 코끼리가 작아요?
나: 아니요, __________.

4)
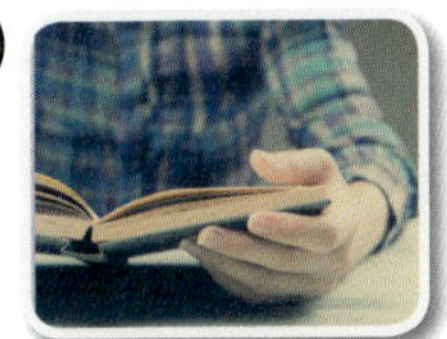
가: 읽어요?
나: 네, __________.

5)

가: 사람이 적어요?
나: 아니요, __________.

6)
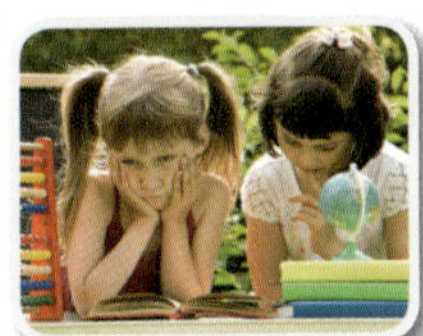
가: 책이 재미있어요?
나: 아니요, __________.

4 〈보기〉와 같이 고쳐 보세요.
Complete the following sentences as the example indicates.

〈보기〉 빙빙 씨가 학교에 가다 ➡ 빙빙 씨가 학교에 가요.

1) 도서관에 사람이 많다 ➡ __________.

2) 한국어 공부가 재미있다 ➡ __________.

3) 한국어 선생님이 좋다 ➡ __________.

4) 제임스 씨가 운동하다 ➡ __________.

명사 을/를

- 책을 읽어요.

- 친구를 만나요.

- 가: 아오이 씨는 지금 뭐 해요?

  나: 커피를 마셔요.

'을/를'은 명사와 결합하여 문장의 목적어를 나타낼 때 사용되는 조사이다. 받침이 있는 명사 뒤에는 '을', 받침이 없는 명사 뒤에는 '를'을 사용한다.

'을/를' are attached to a noun to denote the object of a sentence. Add '을' if the noun ends in a consonant and '를' if it ends in a vowel.

1 알맞게 연결하고 쓰세요.
Match the pictures, object markers, and verbs to create correct sentences.

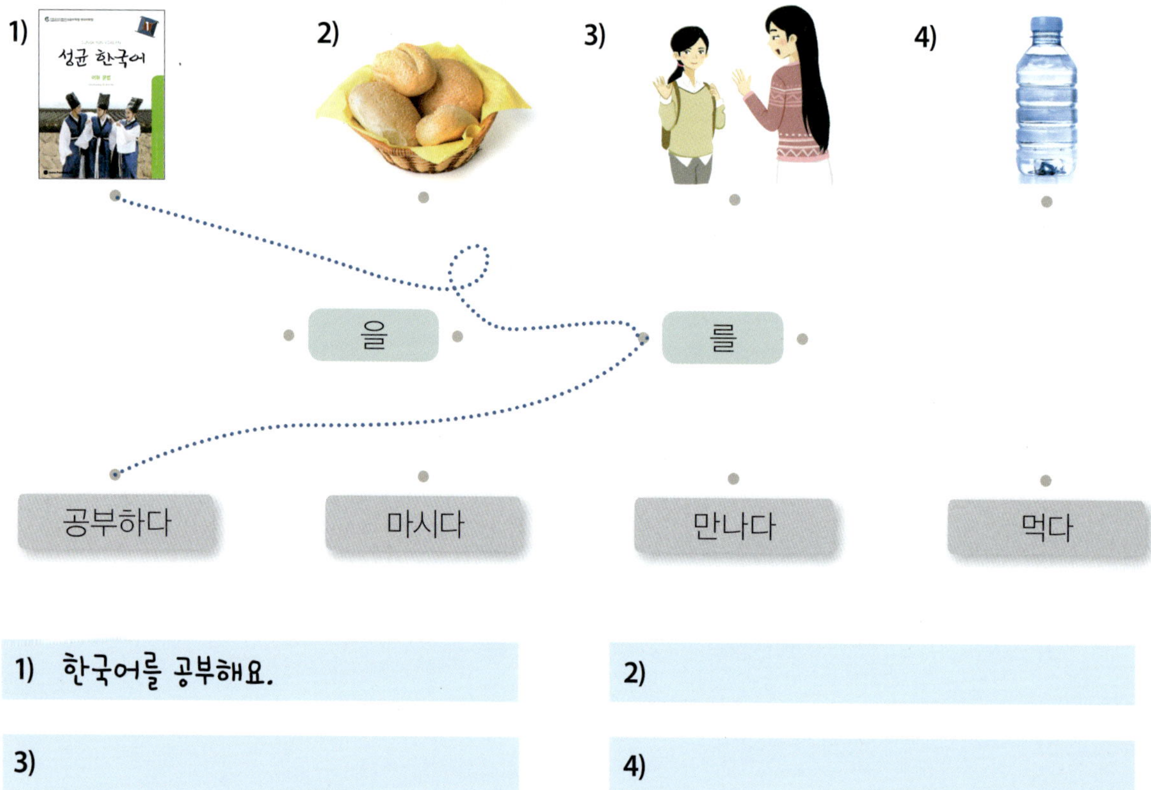

1) 한국어를 공부해요.

2)

3)

4)

2 〈보기〉와 같이 대화를 완성해 보세요.
Create sentences as the example indicates.

〈보기〉

한국어
공부하다

가: 무엇을 해요?
나: 한국어를 공부해요.

1) 
컴퓨터 하다

가: 무엇을 해요?
나: ____________________ .

2) 
커피 마시다

가: 무엇을 해요?
나: ____________________ .

3) 
영화 보다

가: 무엇을 해요?
나: ____________________ .

4) 
피자 먹다

가: 무엇을 해요?
나: ____________________ .

5) 
책 읽다

가: 무엇을 해요?
나: ____________________ .

3 지금 뭐 해요? 〈보기〉와 같이 대화를 만들어 보세요.
What are you doing now? Make a conversation as the example indicates.

〈보기〉
가: 지금 뭐 해요?
나: 커피를 마셔요.

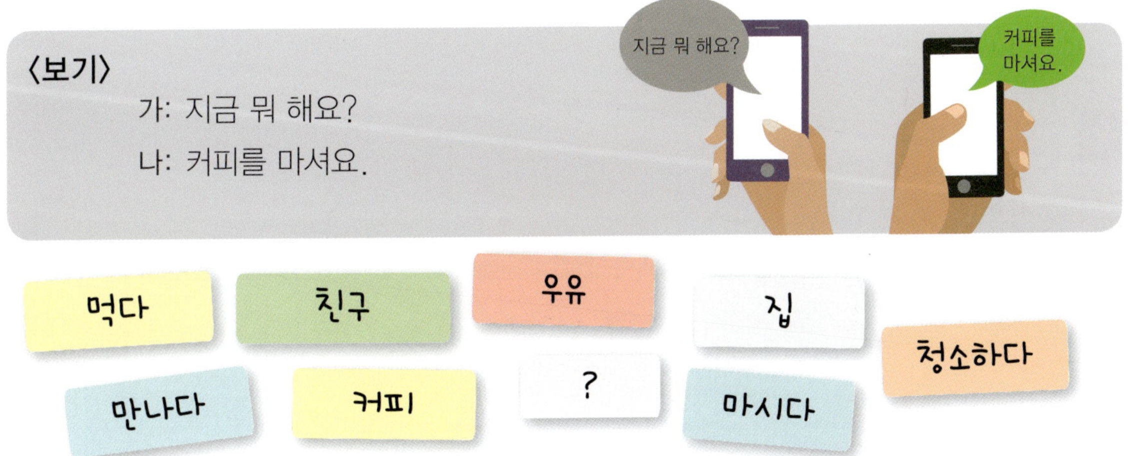

먹다　친구　우유　집　청소하다
만나다　커피　?　마시다

숫자 (1)

- 약국은 **2**층에 있어요.

- 제 생일은 **10**월 **4**일이에요.

- 가: 오늘은 몇 월 며칠이에요?
  나: 오늘은 **5**월 **7**일이에요.

한국어로 숫자를 읽는 방법은 두 가지가 있다. 첫 번째 방법은 한자어로 읽는 것이다. 전화번호, 날짜(년, 월, 일), 가격, 나이(세) 등을 나타낼 때 사용한다.

There are two ways to read numbers in Korean. The first is to identify phone numbers, dates (year, month, day), prices, and age by reading the Chinese characters.

1 다음 숫자를 읽고 빈칸을 채워 보세요.
Read the numbers below and fill in the empty spaces.

1	2	3	4	5	6	7	8	9	10
일	이	삼	사	오	육	칠	팔	구	십
11	12	13	14	15	16	17	18	19	20
십일									이십
21	22	23	24	25	26	27	28	29	30
									삼십
				....					...
10	20	30	40	50	60	70	80	90	100
십	이십								백

다음을 확장하여 지도해 주세요.
❶ 1,000 (천)
   10,000 (만)
❷ 16 [심뉵]
   26 [이심뉵]

2 알맞게 쓰세요.
Read the chart and fill in the blanks.

1월	2월	3월	4월	5월	6월	7월	8월	9월	10월	11월	12월
일월	이월				유월				시월		십이월

3 〈보기〉와 같이 날짜를 읽고 써 보세요.
Read the dates and write them in word form as the example indicates.

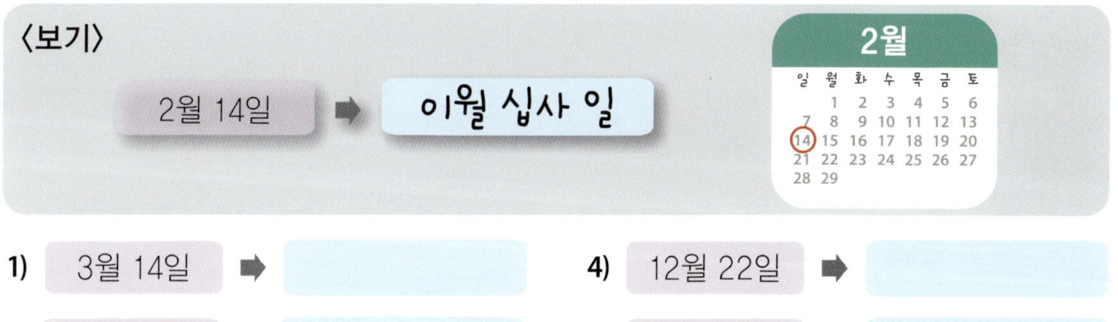

1) 3월 14일 ➡

2) 6월 6일 ➡

3) 10월 10일 ➡

4) 12월 22일 ➡

5) 11월 28일 ➡

6) 1월 31일 ➡

4 〈보기〉의 그림을 보고 친구와 이야기해 보세요.
Look at the calendar and talk to your classmates.

• 새로 나온 표현 •

시험
생일
방학

1) 가: 오늘은 몇 월 며칠이에요?

   나: .

2) 가: 휴일이 언제예요?

   나: .

3) 가: 생일이 언제예요?

   나: .

4) 가: 방학이 언제예요?

   나: .

5 친구와 이야기해 보세요.
Talk to your classmates.

📄 숫자(2)

- 오늘 **세** 시에 만나요.

- 지금은 **네** 시예요.

- 가: 지금이 몇 시예요?
  나: 오전 **열두** 시예요.

30분은 '반'으로도 표현한다.
예
- 10시 30분(○)
- 10시 반(○)

한국어에서 수를 세는 두 번째 방법은 고유어로 읽는 것이다. 시간, 나이(살), 단위 명사 중 '명, 마리, 권....' 등에서 사용한다.

The second way to count numbers in Korean is to read using the proper Korean character in front of the time, age, and unit nouns such as '명, 마리', and 권'.

---

1 읽어 보세요.
Try reading this chart.

1	2	3	4	5	6
하나/한	둘/두	셋/세	넷/네	다섯	여섯
7	8	9	10	11	12
일곱	여덟	아홉	열	열하나/열한	열둘/열두

2 알맞게 쓰세요.
Write down the correct answers.

1)  한 시

2)  시

3)  시

4)  시

5)  시

6)  시

7)  시

8)  시

1) 한 시예요.

2)

3)

4)

5)

6)

7)

8)

3 읽고 써 보세요.
Read the following chart and write in the correct answers.

10분	20분	30분	40분	50분
		= 반		

4 읽고 시간을 말해 보세요.
Read the following clocks and tell the time.

1) 

다섯 시 오십 분

2) 

______ 시 ______ 분

3) 

______ 시 ______ 분

4) 

여섯 시 십 분

5) 

______ 시 ______ 분 = ______ 시 반

6) 

______ 시 ______ 분

5 친구와 이야기해 보세요.
Talk to your classmates.

질문	나	친구 1	친구 2
지금 몇 시예요?			
몇 시쯤 자요?			
언제 일어나요?			

명사 에

- 저는 아침 8시**에** 밥을 먹어요.
- 9시**에** 수업을 시작해요.
- 가: 몇 시**에** 학교에 가요?
  나: 아침 8시 30분**에** 가요.

'에'는 명사와 결합하여 어떤 동작이나 행위, 상태가 일어나는 시간이나 때를 나타낼 때 사용한다.

'에' is attached to a noun to indicate when any act, action, or condition occurs.

'어제, 오늘, 내일'은 '에'를 사용하지 않는다.

예
- 오늘 친구를 만나요. (○)
- 오늘에 친구를 만나요. (×)

---

1 그림을 보고 대화를 완성해 보세요.
Look at the picture and complete the conversations.

1) 가: 언제 아침을 먹어요?

　　나: **일곱 시에 먹어요.**

2) 가: 언제 한국어를 공부해요?

　　나:

3) 가: 언제 학교에 가요?

　　나:

● 새로 나온 표현 ●

드라마

4) 가: 언제 친구를 만나요?

　　나:

5) 가: 언제 드라마를 봐요?

　　나:

2 〈보기〉와 같이 알맞은 것을 고르세요.
Circle the proper forms as the example indicates.

〈보기〉　　(아침, 아침에) 우유를 마셔요.

1) (휴일, 휴일에) 친구를 만나요.

2) (오늘, 오늘에) 도서관에 가요.

3) (내일, 내일에) 저녁에 불고기를 먹어요.

4) (다음 주, 다음 주에) 친구하고 같이 영화를 봐요.

3 〈보기〉와 같이 여러분의 하루 일과를 이야기해 보세요.
Talk about your daily routine as the example indicates.

1 알맞게 연결하세요.
Match the pictures to the corresponding sentences.

1)

2)

3)

4)

5)

책을 읽어요

친구를 만나요

잠을 자요

밥을 먹어요

커피를 마셔요

2 〈보기〉와 같이 알맞은 어휘를 골라 문장을 완성해 보세요.
Choose the appropriate vocabulary to complete the sentences.

| 크다 | 많다 | 좋다 | 맛있다 | 재미있다 |
| 작다 | 적다 | 나쁘다 | 맛없다 | 재미없다 |

〈보기〉 가: 한국어 공부가 재미있어요?

　　　 나: 네, 한국어 공부가 재미있어요.

1) 가: 한국 친구가 많아요?

　 나: 네, ____________________.

2) 가: 선생님이 좋아요?

　 나: 네, ____________________.

3) 가: 케이크가 맛있어요?

　 나: 아니요, ____________________.

4) 가: 교실이 작아요?

　 나: 아니요, ____________________.

3 〈보기〉와 같이 알맞은 것을 고르세요.
Circle the proper forms as the example indicates.

〈보기〉　　(아침 6시에),　아침 6시) 일어나요.

1) (오늘에, 오늘) 친구를 만나요.

2) (다음 주 일요일에, 다음 주 일요일) 친구하고 홍대에 가요.

3) (내일에, 내일) 학교에 가요.

4) (주말에, 주말) 친구하고 영화를 봐요.

4 그림을 보고 대화를 완성해 보세요.
Create sentences as the example indicates.

1) 가: 무슨 요일에 만나요?

　　나: ＿＿＿＿＿＿＿＿＿＿＿＿＿＿＿.

2) 가: 몇 시에 도서관에 가요?

　　나: ＿＿＿＿＿＿＿＿＿＿＿＿＿＿＿.

3) 가: 지금 뭐 해요?

　　나: ＿＿＿＿＿＿＿＿＿＿＿＿＿＿＿.

4) 가: 생일이 언제예요?

　　나: ＿＿＿＿＿＿＿＿＿＿＿＿＿＿＿.

5) 가: 주말에 뭐 해요?

　　나: ＿＿＿＿＿＿＿＿＿＿＿＿＿＿＿.

6) 가: 언제 친구를 만나요?

　　나: ＿＿＿＿＿＿＿＿＿＿＿＿＿＿＿.

4

음식

어휘 Vocabulary

음식 이름 관련 어휘 Vocabulary related to food names

문법 Grammar

안 동사 형용사 , 동사 형용사 지 않다,
동사 고 싶다, 못 동사

1 아는 어휘에 ✔ 해 보세요.
Identify the words you know.

☐ 비빔밥 ☐ 김치찌개 ☐ 불고기 ☐ 잡채

☐ 삼겹살 ☐ 삼계탕 ☐ 된장찌개 ☐ 냉면

2 아는 어휘에 ✔ 하고 〈보기〉와 같이 친구와 이야기해 보세요.
Identify the words you know and talk about them as the example indicates.

〈보기〉 가: 김밥을 좋아해요?
　　　　 나: 네/아니요.

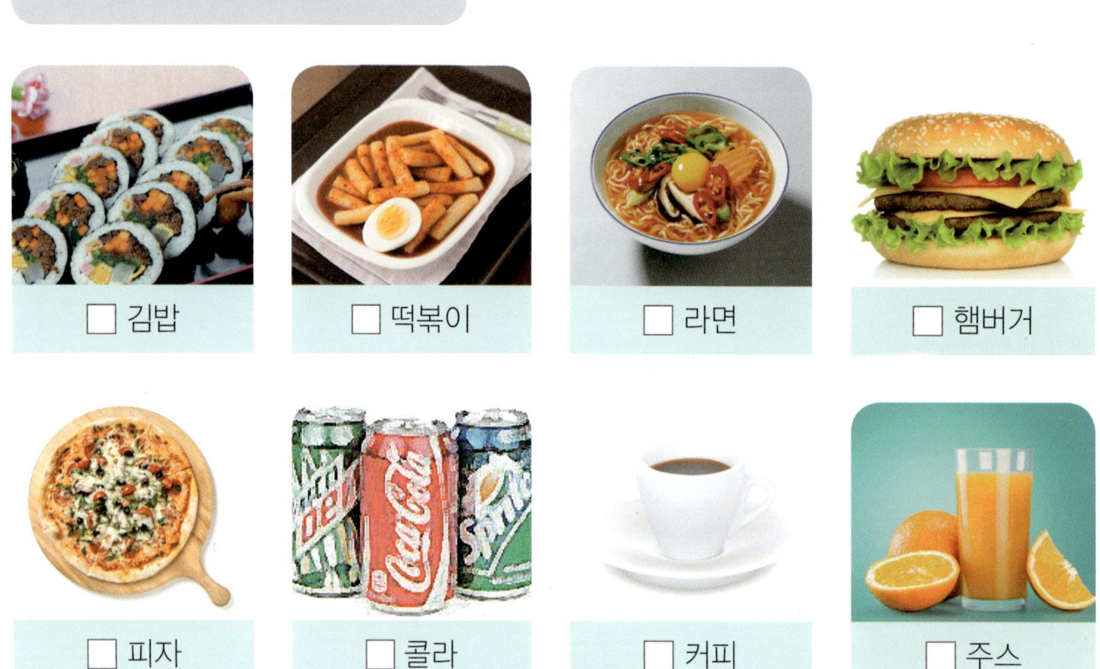

☐ 김밥 ☐ 떡볶이 ☐ 라면 ☐ 햄버거

☐ 피자 ☐ 콜라 ☐ 커피 ☐ 주스

3 잘 듣고 알맞은 번호를 쓰세요. 🎧 32
Listen and number the dishes in the order they are announced.

4 친구와 이야기해 보세요.
Talk with your classmates.

질문	나	친구 1	친구 2
무슨 음식을 좋아해요?			
무슨 음식을 자주 먹어요?			

5 친구와 빙고 게임을 해 보세요.
Play bingo with your classmates.

방법
- 빙고판에 음식 이름을 쓰세요.
  Write in the names of foods in your bingo cards.

- 친구하고 차례로 음식 이름을 이야기하세요.
  Take turns naming foods with your classmates.

- 음식 이름이 나오면 표시하세요.
  Check if the name of the food you wrote down is called.

- 〈보기〉와 같이 3개의 줄을 먼저 지우는 사람이 '빙고'라고 말합니다.
  As the example shows, the person who has three in a row wins.

〈보기〉

안 [동사] [형용사]

- 오늘은 일요일이에요. 학교에 **안** 가요.

- 저는 아침에 운동을 **안** 해요.

- 가: 커피를 마셔요?

  나: 아니요, **안** 마셔요.

'안'은 동사나 형용사 앞에 붙어 행위나 상태를 부정할 때 쓴다. '공부하다', '청소하다'처럼 '명사+하다'동사는 '명사+안+하다'가 된다.

'안' is written in front of a verb or adjective to deny an act or state. Whenever a 'noun + 하다' combination verb is used such as '공부하다' and '청소하다', the correct form to write is 'noun +안+하다'.

---

1 알맞게 쓰세요.
Fill in the blanks with the correct grammar items.

	안 [동사]			안 [형용사]
가다	**안 가요**	크다		**안 커요**
먹다		작다		
마시다		좋다		
청소하다		많다		

2 〈보기〉와 같이 대화를 완성해 보세요.
Create sentences as the example indicates.

〈보기〉

가: 내일 학교에 가요?
나: 아니요, 학교에 안 가요.

1) 가: 신문을 읽어요?

   나: 아니요, ____________________. 책을 읽어요.

2) 가: 커피를 좋아해요?

   니: 아니요, ____________________. 콜라를 좋아해요.

3) 가: 지금 공부해요?

   나: 아니요, ____________________.

4) 가: 아침에 운동을 해요?

   나: 아니요, ____________________. 저녁에 해요.

5) 가: 오늘 친구가 한국에 와요?

   나: 아니요, ____________________. 내일 와요.

 <보기>와 같이 대화를 완성해 보세요.
Create sentences as the example indicates.

<보기>

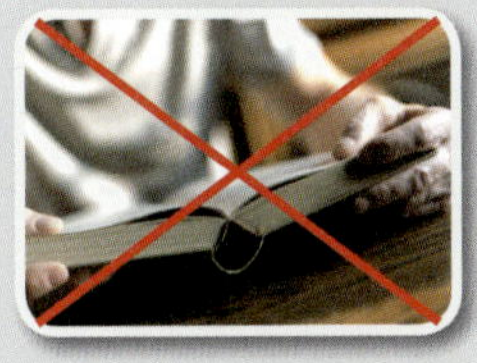

가: 지금 책을 읽어요?
나: 아니요, 책을 안 읽어요.

1) 가: 지금 커피를 마셔요?

　　나: ＿＿＿＿＿＿＿＿＿＿＿.

2) 가: 아침에 과일을 먹어요?

　　나: ＿＿＿＿＿＿＿＿＿＿＿.

3) 가: 오후에 공부해요?

　　나: ＿＿＿＿＿＿＿＿＿＿＿.

4) 가: 지금 노래해요?

　　나: ＿＿＿＿＿＿＿＿＿＿＿.

4 **<보기>와 같이 친구와 이야기해 보세요.**
Ask your classmates questions as displayed in the example.

<보기>

가: 주말에 영화를 봐요?
나: 네, 영화를 봐요. / 아니요, 영화를 안 봐요.

숙제하다　　노래방에 가다　　쇼핑을 하다　　책을 읽다

텔레비전을 보다　　청소하다　　친구를 만나다　　영화를 보다

	무엇을 해요?	무엇을 안 해요?
나	영화를 봐요.	
친구 1		
친구 2		

동사 형용사 지 않다

- 저는 라면을 먹**지 않아요**.
- 저는 운동을 좋아하**지 않아요**.
- 가: 한국어가 어려워요?
  나: 아니요, 어렵**지 않아요**.

'−지 않다'는 동사, 형용사와 결합하여 앞선 행위나 상태를 부정하는 뜻을 나타낸다. '안'과 의미 차이는 없으며 '안'을 사용한 문장을 짧은 부정문, '−지 않다'를 사용한 문장을 긴 부정문이라고 부른다.

'지 않다' is attached to verbs and adjectives to deny a statement of fact that was previously mentioned. There is no difference in meaning from using '안' but '안' is called a short negation while '지 않다' is called a long negation.

---

1 알맞게 쓰세요.
Fill in the blanks with the correct grammar items.

	−지 않다		−지 않다
가다	가지 않아요	크다	크지 않아요
먹다		작다	
마시다		좋다	
청소하다		많다	

2 〈보기〉와 같이 대화를 완성해 보세요.
Create sentences as the example indicates.

• 새로 나온 표현 •

깨끗하다

〈보기〉

가: 방이 깨끗해요?
나: 아니요, 깨끗하지 않아요.

1) 가: 돈이 많아요?

   나: 아니요, ________________ .

2) 가: 옷이 커요?

   나: 아니요, ________________ .

3) 가: 음식이 맛있어요?

   나: 아니요, ________________ .

4) 가: 영화가 재미있어요?

   나: 아니요, ________________ .

3 ⟨보기⟩와 같이 대화를 완성해 보세요.
Create sentences as the example indicates.

⟨보기⟩
가: 오늘 토니 씨를 만나요?
나: 아니요, 토니 씨를 만나지 않아요.
안나 씨를 만나요.

토니 씨

안나 씨

1) 가: 중국어를 공부해요?

나: 아니요, ________________ .
한국어를 공부해요.

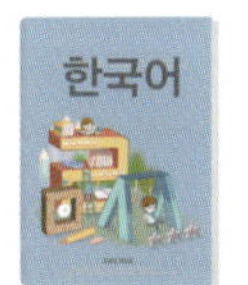

2) 가: 신문을 읽어요?

나: 아니요, ________________ .

책을 읽어요.

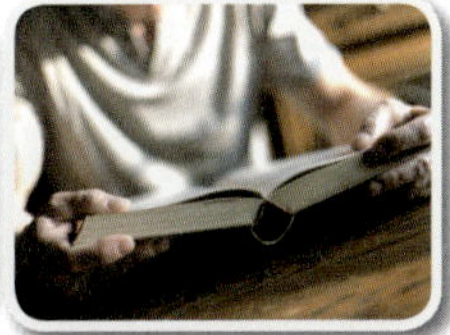

3) 가: 된장찌개를 좋아해요?

나: 아니요, ________________ .

김치찌개를 좋아해요.

4) 가: 한국 음식을 자주 먹어요?

나: 아니요, ________________ .
베트남 음식을 자주 먹어요.

한국 음식

베트남 음식

4 친구와 같이 해 보세요.
Try to do the following with your classmates.

방법
- ⟨보기⟩와 같이 여러분에 대해서 쓰세요.
  Write some information about yourself.
- 다 쓰면 선생님께 주세요.
  When you are finished, hand it to the teacher.
- 선생님께서 하나씩 읽어 주세요.
  The teacher will read the notes one by one.
- 누구에 대한 내용인지 맞혀 보세요.
  Try to guess who the teacher is describing.

• 새로 나온 표현 •

수업

키

⟨보기⟩ 이름: 히엔
- 저는 커피를 마시지 않아요.
- 저는 키가 크지 않아요.
- 저는 수업 시간에 베트남 어를 말하지 않아요.

이름: ________
- ________
- ________
- ________

동사 -고 싶다

- 점심에 한국 음식을 먹**고 싶어요**.

- 저는 성균관대학교에 가**고 싶어요**.

- 가: 주말에 뭐 하**고 싶어요**?
  나: 영화를 보**고 싶어요**.

'-고 싶다'는 동사와 결합하여 말하는 사람이 원하거나 바라는 것을 나타낸다.
'고 싶다' is placed after a verb to indicate what a person wants to do or desires.

주어가 '나'가 아닌 다른 사람일 때는 '-고 싶어하다'로 사용한다.

예
- 왕량 씨는 커피를 마시고 싶어해요.

---

1 알맞게 쓰세요.
Fill in the blanks with the correct grammar items.

	-고 싶다		-고 싶다
가다	가고 싶어요	놀다	놀고 싶어요
보다		먹다	
만나다		읽다	
운동하다		앉다	

2 여러분은 무엇을 하고 싶어요? ✓ 하고 질문에 대답하세요.
What do you want to do? Check and answer the questions.

2번의 세 번째 칸은 1)의 '김밥'처럼 학생들이 원하는 것을 직접 그리거나 쓰고 문장을 만들 수 있도록 지도해 주세요.

1) 가: 점심에 무엇을 먹고 싶어요?

   나: 햄버거를 먹고 싶어요 .

✓

2) 가: 어디에 가고 싶어요?

    나: .

3) 가: 무엇을 사고 싶어요?

    나: .

4) 가: 무엇을 마시고 싶어요?

    나: .

5) 가: 누구를 만나고 싶어요?

    나: .

---

3 여러분은 무엇을 하고 싶어요? 아래에 쓰고 〈보기〉와 같이 친구와 이야기해 보세요.
What do you want to do? Write in the box and discuss with your classmates as the example indicates.

지금	친구를 만나고 싶어요.
주말	
생일	

〈보기〉 가: 지금 무엇을 하고 싶어요?
        나: 친구를 만나고 싶어요.

못 동사

- 머리가 아파요. 그래서 학교에 **못** 가요.

- 김치가 매워요. 그래서 **못** 먹어요.

- 가: 오늘 운동을 해요?
  나: 아니요, 시간이 없어요. 그래서 **못** 해요.

'못'은 동사 앞에 붙어 그 행동을 할 능력이 없거나 그 행동을 할 만한 상황이 아님을 나타낸다. '공부하다', '청소하다'와 같이 '명사+하다'와 결합하는 경우 '공부(를) 못 하다', '청소(를) 못 하다'와 같이 쓴다.

'못' is placed in front of a verb to indicate a specific situation in which one is unable to act or is incapable of acting. However, in any case in which a 'noun + 하다' combination is used; for example, '공부하다' or '청소하다', the form is 'noun+못+하다, e.g. '공부 못 하다', or '청소 못 하다'.

'못'은 '–지 못하다'의 형태로도 사용할 수 있다.

예
- 머리가 아파요. 그래서 학교에 가지 못해요.(○)
- 머리가 아파요. 그래서 학교에 못 가요.(○)

---

1 알맞게 쓰세요.
Fill in the blanks with the correct grammar items.

	못 동사		못 동사
가다	**못 가요**	놀다	
보다		먹다	
만나다		읽다	
운동하다		요리하다	

2 〈보기〉와 같이 대화를 완성해 보세요.
Create sentences as the example indicates.

〈보기〉 가: 오늘 영화관에 가요?
나: 아니요, 못 가요. 내일 시험이 있어요.

1) 가: 오늘 쇼핑을 해요?

　　나: 아니요, ＿＿＿＿＿＿＿＿＿＿. 시간이 없어요.

2) 가: 떡볶이를 먹어요?

　　나: 아니요, ＿＿＿＿＿＿＿＿＿＿＿. 너무 매워요.

3) 가: 오늘 친구를 만나요?

　　나: 아니요, ＿＿＿＿＿＿＿＿＿＿＿. 친구가 한국에 없어요.

4) 가: 내일 산에 가요?

　　나: 아니요, ＿＿＿＿＿＿＿＿＿＿＿. 다리가 아파요.

3　이 사람은 무엇을 못 해요? 써 보세요.
What can this person not do? Write down your ideas.

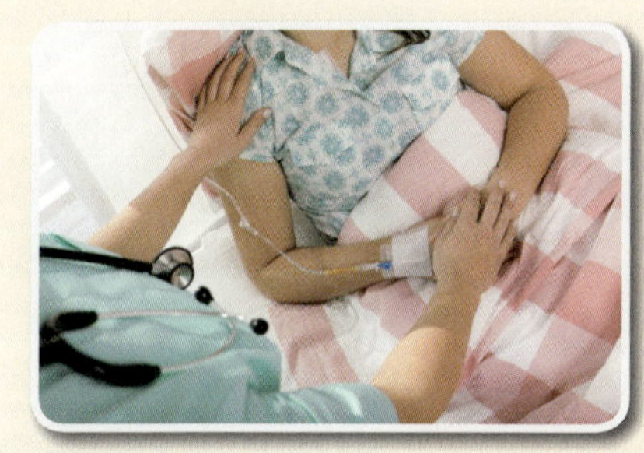

- 운동을 못 해요.
-
-

-
-
-

4　한국에 와서 무엇을 못 해요? 써 보세요.
What are you unable to do since you came to Korea?

-
-
-

1 다음 그림과 알맞은 어휘를 연결해 보세요.
Connect the following pictures to the correct vocabulary.

1)
2)
3)
4)
5)
6)
7)

떡볶이

숟가락

잡채

젓가락

김밥

삼겹살

냉면

2 다음 그림과 알맞은 어휘를 연결해 보세요.
Connect the following pictures to the correct vocabulary.

1)   2)   3)   4)

맵다   짜다   맛있다   맛없다

3 〈보기〉와 같이 '안', '-지 않다'를 사용하여 대화를 완성해 보세요.
Use '안' or '-지 않다' to complete the conversations as specified in the example.

> 〈보기〉 가: 머리가 아파요?
>
> 나: 아니요, 안 아파요. / 아프지 않아요.

1) 가: 한국어 교실이 커요?

　　나: 아니요, ＿＿＿＿＿＿＿＿＿. / ＿＿＿＿＿＿＿＿＿.

2) 가: 내일 도서관에 가요?

　　나: 아니요, 내일 도서관에 ＿＿＿＿＿＿＿＿＿. / ＿＿＿＿＿＿＿＿＿.

3) 가: 지금 공부해요?

　　나: 아니요, ＿＿＿＿＿＿＿＿＿. / ＿＿＿＿＿＿＿＿＿. 텔레비전을 봐요.

4) 가: 점심에 피자를 먹고 싶어요?

　　나: 아니요, 피자를 ＿＿＿＿＿＿＿＿＿. / ＿＿＿＿＿＿＿＿＿. 떡볶이를 먹고 싶어요.

4 〈보기〉와 같이 '-고 싶다', '못'을 사용하여 대화를 완성해 보세요.
Use '-고 싶다' or '못' to complete the conversations as specified in the example.

> 〈보기〉 가: 지나 씨, 오늘 같이 저녁을 먹고 싶어요. 시간이 있어요? (먹다)
>
> 나: 미안해요. 같이 저녁을 못 먹어요. 약속이 있어요.

1) 가: 제임스 씨, 오늘 같이 ＿＿＿＿＿＿＿＿＿. (쇼핑하다)

　　나: 미안해요. 같이 ＿＿＿＿＿＿＿＿＿. 숙제가 많아요.

2) 가: 빙빙 씨, 같이 ＿＿＿＿＿＿＿＿＿. 시간이 있어요? (커피를 마시다)

　　나: 미안해요. ＿＿＿＿＿＿＿＿＿. 시간이 없어요.

3) 가: 토니 씨, 오늘 같이 ＿＿＿＿＿＿＿＿＿. (축구하다)

　　나: 미안해요. 같이 ＿＿＿＿＿＿＿＿＿. 다리가 아파요.

4) 가: 히엔 씨, 같이 ＿＿＿＿＿＿＿＿＿. 주말에 시간이 있어요? (공원에 가다)

　　나: 미안해요. ＿＿＿＿＿＿＿＿＿. 주말에 약속이 있어요.

5

주말

어휘 Vocabulary

주말 활동 관련 어휘 Vocabulary related to weekend activities

문법 Grammar

동사 았어요/었어요/였어요, 동사 고,
명사 에서, 동사 형용사 지만

1 아는 어휘에 ✔ 해 보세요.
Identify the words you know.

☐ 산책해요	☐ 구경해요	☐ 쇼핑해요
☐ 사진을 찍어요	☐ 가족하고 시간을 보내요	☐ 생일 파티해요
☐ 낮잠을 자요	☐ 쉬어요	☐ 콘서트에 가요
☐ 여행해요	☐ 친구를 만나요	☐ 데이트해요

2 잘 듣고 알맞게 쓰세요. 🎧 33
Listen carefully and try to write down the correct answers.

1)  유미: 산책해요.

2) 뚜언:

3) 빙빙:

4) 왕량:

5) 히엔:

6) 성민:

3 성민 씨는 주말에 뭐 해요? 그림을 보고 쓰세요.

What is Sungmin doing on the weekend? Look at the calendar and fill in the answers.

5월

월요일	화요일	수요일	목요일	금요일	토요일	일요일
			1	2	3 영화를 보다	4
5	6	7	8	9	10	11 경복궁에 가다
12	13	14	15	16	17 텔레비전을 보다	18
19	20	21	22	23	24	25 주말: 여행하다
26	27	28	29	30	31	

1) 5월 3일: **토요일에 영화를 봐요.**

2) 5월 11일: 에   .

3) 5월 17일: 에   .

4) 5월 24일, 25일: 에   .

4 여러분은 주말에 뭐 해요? 〈보기〉와 같이 친구와 이야기해 보세요.

What are you doing on the weekend? Talk to your classmates about your weekend plans as specified in the example.

〈보기〉
가: 성민 씨, 주말에 보통 뭐 해요?
나: 저는 주말에 가족하고 시간을 보내요. 빙빙 씨는요?
가: 저는 한국을 여행해요.

친구 1	친구 2	친구 3

동사 았어요/었어요/였어요

- 어제 친구하고 영화를 **봤어요**.

- 점심에 중국 음식을 먹**었어요**.

- 가: 주말에 뭐 **했어요**?
  나: 명동에 **갔어요**.

'–았어요/었어요/였어요'는 동사와 결합하여 과거에 일어난 일을 나타낸다. 동사 어간의 모음이 'ㅏ, ㅗ'로 끝나면 '–았어요', 그 외에는 '–었어요', '하다'는 '했어요'가 된다.

'았어요/었어요/였어요' are combined with a verb to indicate an action that happened in the past. If the stem has vowels 'ㅏ or ㅗ', conjugate with '았어요', use '했어요' for verbs ending in '하다', and in all other cases add '었어요'.

'명사이다'의 과거형은 받침이 있으면 '명사이었어요', 받침이 없으면 '명사였어요'를 쓴다.

예
- 도서관 + 이었어요/였어요 → 도서관이었어요
- 카페 + 이었어요/였어요 → 카페였어요

1 알맞게 쓰세요.
Write down the correct forms.

	–았어요/었어요/였어요		–았어요/었어요/였어요		–았어요/었어요/였어요
앉다		읽다		공부하다	
닫다		쉬다		산책하다	
가다		먹다		여행하다	
사다		마시다		사랑하다	

2 그림을 보고 〈보기〉와 같이 문장을 만들어 보세요.
Write sentences using the example and pictures as a guide.

1)

어제 ______________________________

2)

어제 ______________________________

3)

어제 ______________________________

4)

어제 ______________________________

 〈보기〉와 같이 대화를 완성해 보세요.
Create sentences as the example indicates.

〈보기〉

가: 어제 뭐 했어요?
나: 친구하고 공부했어요.

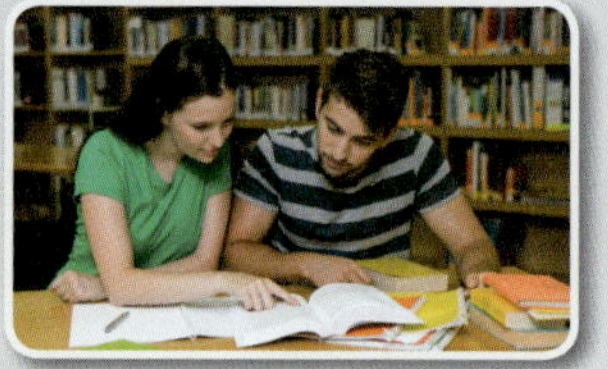

1) 가: 어제 뭐 했어요?

   나: ______________________

   가: 그리고 뭐 했어요?

   나: ______________________

2) 가: 어제 뭐 했어요?

   나: ______________________

   가: 그리고 뭐 했어요?

   나: ______________________

3) 가: 주말에 뭐 했어요?

   나: ______________________

   가: 그리고 뭐 했어요?

   나: ______________________

4) 가: 주말에 뭐 했어요?

   나: ______________________

   가: ______________________

   나: ______________________

4 〈보기〉와 같이 문장을 만들어 보세요.
Create sentences as set out in the example.

〈보기〉

군인이었어요.

지금은 한국어 선생님이에요.

1)

배우

2)

3)

4)

배우

5 지난주에 어디에 갔어요? 거기에서 뭐 했어요? 〈보기〉와 같이 친구와 이야기해 보세요.
Where did you go last week? What did you do there? Discuss your experiences with your classmates.

〈보기〉

가: 지난주에 어디에 갔어요?

나: 명동에 갔어요.

가: 뭐 했어요?

나: 쇼핑했어요.

친구 1	친구 2	친구 3

동사 고

- 저는 밥을 먹**고** 물을 마셔요.

- 주말에 영화를 보**고** 친구를 만났어요.

- 가: 어제 뭐 했어요?

  나: 집에서 숙제를 하**고** 텔레비전을 봤어요.

'–고'는 동사와 결합하여 어떤 행위가 시간의 순서에 따라 나타날 때 사용한다. 동사의 순서를 바꾸면 문장의 의미가 달라진다.

'고' is attached to a verb to indicate the time order in which actions take place. Changing the order of the verbs changes the meaning of the sentence.

과거에 일어난 일이라고 해도 '–고' 앞에서는 과거형으로 쓰지 않는다.

예)
- 어제 밥을 먹고 숙제했어요. (○)
- 어제 밥을 먹었고 숙제했어요. (×)

---

1 **다음에서 골라 알맞게 쓰세요.**
Choose the appropriate words to complete the sentences.

| 먹다 | 마시다 | 보다 | 읽다 | 하다 | 자다 |

1) 밥을 먹고 커피를 마셨어요 .

2) 책을 ____ 영화를 ____ .

3) 영화를 ____ 잠을 ____ .

4) 냉면을 ____ 책을 ____ .

5) 드라마를 ____ 운동을 ____ .

6) 차를 ____ 신문을 ____ .

2 이 사람은 어제 뭐 했어요? 그림을 보고 〈보기〉와 같이 문장을 만들어 보세요.
What did these people do yesterday? Look at the pictures and follow the example to create sentences.

〈보기〉 밥을 먹고 커피를 마셨어요.

1)

2)

3)

4)

3 여러분은 어떻게 해요? 써 보세요.
In what order do you carry out the following actions?

〈보기〉
세수하다
이 닦다
저는 세수하고 이를 닦아요. ☐
저는 이를 닦고 세수해요. ☑

1)
물 마시다   밥 먹다   ________________________. ☐
밥 먹다   물 마시다   ________________________. ☐

2)
숙제하다   쉬다   ________________________. ☐
쉬다   숙제하다   ________________________. ☐

명사 에서

- 한국**에서** 한국어를 배워요.

- 주말에 명동에 갔어요. 거기**에서** 옷을 샀어요.

- 가: 어디**에서** 친구를 만나요?
  나: 학교 앞**에서** 만나요.

'에서'는 명사와 결합하여 어떤 행위나 동작이 일어나는 장소를 나타낸다.
'에서' is added to a noun to indicate the place where a behavior or action occurs.

1 알맞게 연결하고 쓰세요.
Choose the appropriate words to complete the sentences.

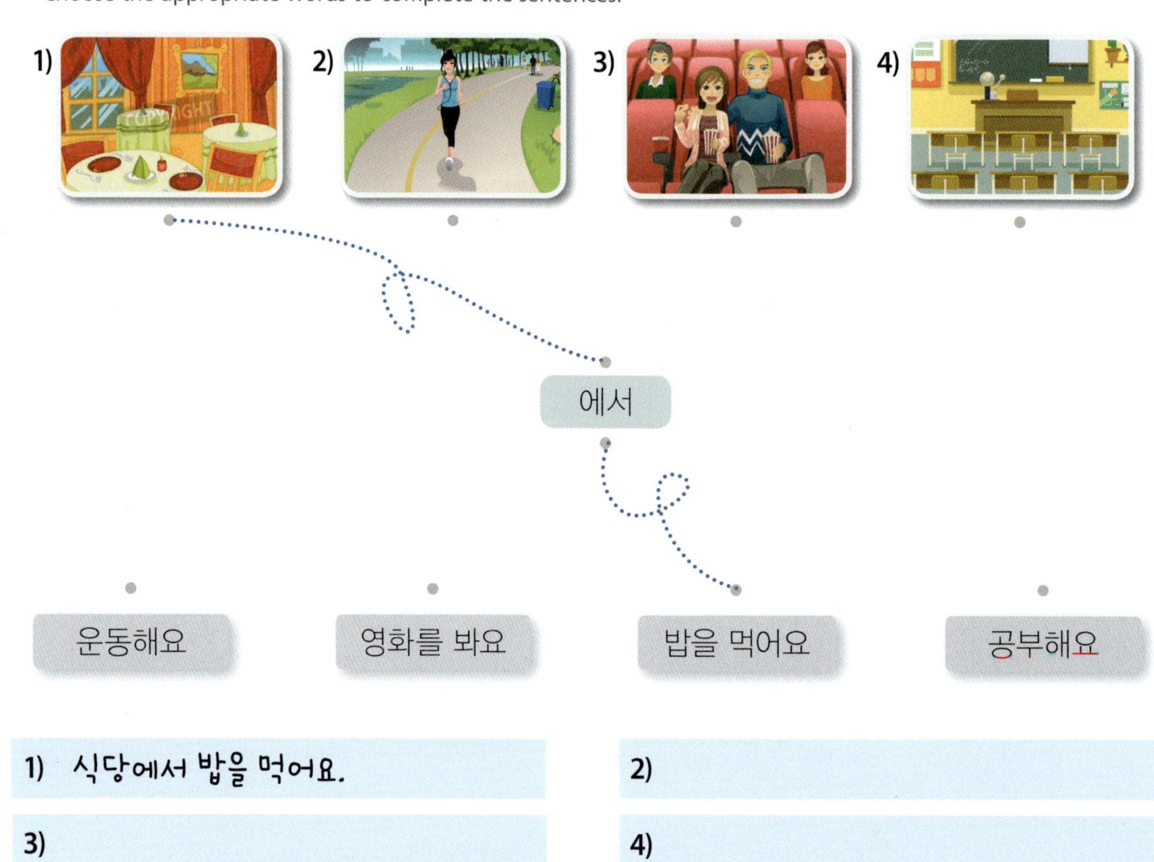

1) 2) 3) 4)

에서

운동해요　　영화를 봐요　　밥을 먹어요　　공부해요

1) 식당에서 밥을 먹어요.

2)

3)

4)

2 여러분은 여기에서 무엇을 했어요? 써 보세요.
What did you do at the following places?

1)

교실에서 공부했어요.

2)

지하철 안에서 잤어요.

3 〈보기〉와 같이 알맞은 것을 고르세요.
Choose the appropriate forms as the example indicates.

〈보기〉　학교(에, 에서) 가요.

1) 영화관(에, 에서) 영화를 봤어요.

2) 시장(에, 에서) 옷을 샀어요.

3) 학교(에, 에서) 갔어요.

4) 카페(에, 에서) 숙제하고 집(에, 에서) 갔어요.

5) 식당(에, 에서) 밥을 먹어요.

6) 가: 어디(에, 에서) 가요?

　　나: 집(에, 에서) 가요.

동사 형용사 지만

- 한국에 살**지만** 한국어를 못해요.

- 금요일에는 학교에 갔**지만** 주말에는 안 갔어요.

- 가: 이 식당은 어때요?

  나: 좀 비싸**지만** 맛있어요.

'–지만'은 동사, 형용사와 결합하여 앞의 내용을 인정하면서 그와 반대되는 내용을 나타낼 때 사용한다. 과거를 나타낼 때는 '–았지만/었지만/였지만'을 사용한다.

'지만' is used with verbs and adjectives to allow one to recognize a point is true but still introduce contrary information. Use the '았지만/었지만/였지만' forms to conjugate verbs in the past tense.

 명사의 경우 명사에 받침이 있으면 '명사 이지만'을 쓰고, 받침이 없으면 주로 '명사 지만'을 사용한다.

예
- 학생 → 학생이지만
- 의자 → 의자이지만/의자지만

---

1 **〈보기〉와 같이 대화를 완성해 보세요.**
Create sentences as the example indicates.

> 〈보기〉 가: 명동은 어때요?
>
> 나: 사람이 많지만 재미있어요. (사람, 많다, 재미있다.)

1) 가: 이 휴대 전화는 어때요?

  나: ____________________ (좋다, 좀 비싸다)

2) 가: 한국어가 어때요?

  나: ____________________ (재미있다, 조금 어렵다)

3) 가: 이 옷은 어때요?

  나: ____________________ (예쁘다, 작다)

4) 가: 지금 어디에서 살아요?

  나: ____________________

  (지난달, 부산에서 살다, 지금, 서울에서 살다)

2 그림을 보고 〈보기〉와 같이 알맞게 써 보세요.
Look at the pictures and fill in the spaces as the example indicates.

〈보기〉

성민   민수

성민 씨는 키가 작지만 (작다) 민수 씨는 키가 커요.

1) 오늘은 학교에 ____________ (가다) 내일은 학교에 안 가요.

2) 저는 한국어는 ____________ (배우다) 중국어는 안 배워요.

3) 떡볶이는 ____________ (맵다) 맛있어요.

4) 옷이 ____________ (비싸다) 예뻐요.

5) 선생님은 ____________ (한국 사람이다) 저는 독일 사람이에요.

3 '동사 형용사 지만'을 사용하여 문장을 만들어 보세요.
Use the '지만' forms to make sentences with the following words.

중국 친구는 있지만 한국 친구는 없어요.

재미있다   한국어   어렵다   비싸다

학생 식당   재미없다   쉽다

한국 음식   맛있다   맛없다   싸다

1 그림을 보고 알맞은 어휘를 골라 써 보세요.
Look at the pictures and choose the proper words to describe them.

| 산책해요 | 데이트해요 | 구경해요 |
| 사진을 찍어요 | 쉬어요 | 낮잠을 자요 |

산책해요

2 다음 어휘 중에서 골라 알맞게 써 보세요.
Select the appropriate words to complete the following sentences.

| 축구해요 | 청소해요 | 텔레비전을 봐요 | 박물관에 가요 |

1) 가: 유미 씨는 주말에 집안일을 해요?

　　나: 네,

2) 가: 성민 씨는 주말에 운동해요?

　　나: 네,

3) 가: 히엔 씨는 주말에 어디에 가요?

　　나: 저는

4) 가: 아오이 씨는 주말에 뭐 해요?

　　나: 저는 집에서

〈보기〉

오늘 학교에 가요.
⋯ 어제 학교에 갔어요.

1) 오늘 친구가 집에 와요. ⋯ 어제   .

2) 오늘 어디에 가요? ⋯ 어제   ?

3) 지금 밥을 먹어요. ⋯ 어제   .

4) 지금 공부해요. ⋯ 어제   .

4 알맞은 문법 항목을 골라 대화를 완성해 보세요.
Select the correct grammar items to complete the following conversations.

−고,	−지만

1) 가: 어제 친구와 뭐 했어요?

    나: (밥을 먹다, 영화를 보다)

2) 가: 기숙사는 어때요?

    나: (좋다, 작다)

3) 가: 명동에서 뭐 했어요?

    나: (쇼핑하다, 커피를 마시다)

4) 가: 음식이 맛있었어요?

    나: (맛있다, 좀 비싸다)

5) 가: 한국 친구는 있어요?

    나: (한국 친구는 있다, 많지 않다)

6) 가: 언제 자요?

    나: (샤워하다, 자다)

6

쇼핑

 **어휘** Vocabulary

쇼핑 관련 어휘 Vocabulary related to shopping

문법 Grammar

단위 명사: 원, 개, 병, 잔, 그릇, 권, 명, 마리

명사 이/가 형용사 , 동사 형용사 고

2 광고지를 보고 〈보기〉와 같이 대화를 완성해 보세요.
Look at the flyer and write sentences as the example indicates.

성균 마트

과일		음료	
딸기	3,300원	커피	2,500원
사과	1,500원	우유	4,700원
귤	2,000원	식혜	1,200원
수박	12,000원		

옷		잡화	
		모자	20,000원
티셔츠	9,000원	장갑	17,000원
코트	110,000원		
치마	23,000원	신발	
바지	36,000원	구두	52,000원
		운동화	30,000원

〈보기〉

가: 딸기가 얼마예요?
나: 삼천삼백 원이에요.

1) 
가: 귤이 얼마예요?
나: ＿＿＿＿＿＿＿이에요.

2) 
가: ＿＿＿＿가 얼마예요?
나: ＿＿＿＿＿＿＿＿＿＿.

3) 
가: ＿＿＿＿＿＿＿＿＿?
나: ＿＿＿＿＿＿＿＿＿.

4) 
가: ＿＿＿＿＿＿＿＿＿?
나: ＿＿＿＿＿＿＿＿＿.

5) 
가: ＿＿＿＿＿＿＿＿＿?
나: ＿＿＿＿＿＿＿＿＿.

6)
?
가: ＿＿＿＿＿＿＿＿＿?
나: ＿＿＿＿＿＿＿＿＿.

3 친구들 책상 위에 무엇이 있어요? 얼마예요? 친구에게 물어 보세요.
What can you see on your classmates' desk? Ask your classmates how much they are.

〈보기〉
가: 커피가 얼마예요?
나: 이천 원이에요.

친구 1:

친구 2:

친구 3:

개, 병, 잔, 그릇, 권, 명, 마리

- 커피가 두 **잔** 있어요.

- 친구가 열 **명** 있어요.

- 가: 뭘 드릴까요?
  나: 사과 다섯 **개** 주세요.

가게에 손님이 오면 "뭘 드릴까요?"라고 말하고 손님은 필요한 물건을 달라고 할 때 "명사 주세요"라고 말한다.

한국에서 물건, 동물 등을 세는 단위로 '개, 병, 잔, 그릇, 권, 명, 마리' 등이 있다. 사과, 빵, 캔 음료 등은 '개'로 세고, 병에 들어 있는 것은 '병', 컵에 들어 있는 것은 '잔'으로 센다. 사람을 셀 때는 '명', 동물을 셀 때는 '마리'를 사용한다.

In Korea, the counting units are '개, 병, 잔, 그릇, 권, 명, and '마리'. Apples, bread, canned drinks are counted using '개', bottles are counted using '병', and cups are counted using '잔'. '마리' is used for counting animals and '명' is used for counting people.

	1	2	3	4	5		?
명사 개	한 개	두 개	세 개	네 개	다섯 개	……	몇 개
명사 병	한 병	두 병	세 병	네 병	다섯 병	……	몇 병
명사 잔	한 잔	두 잔	세 잔	네 잔	다섯 잔	……	몇 잔
명사 그릇	한 그릇	두 그릇	세 그릇	네 그릇	다섯 그릇	……	몇 그릇
명사 권	한 권	두 권	세 권	네 권	다섯 권	……	몇 권
명사 명	한 명	두 명	세 명	네 명	다섯 명	……	몇 명
명사 마리	한 마리	두 마리	세 마리	네 마리	다섯 마리	……	몇 마리

1 〈보기〉와 같이 쓰세요.
Follow the example to write.

〈보기〉

두 잔

2 〈보기〉와 같이 대화를 완성해 보세요.
Create sentences as the example indicates.

〈보기〉 가: 뭘 드릴까요?
나: 사과 두 개 주세요.

1)
가: 뭘 드릴까요?
나: ________________ 주세요.

2)
가: ________________?
나: ________________.

3)
가: ________________?
나: ________________.

4)
가: ________________?
나: ________________.

3 여러분은 무엇을 먹고 싶어요? 식당과 카페에서 주문해 보세요.
What do you want to eat? Please order at a restaurant and a café.

카페나 식당 주인과 손님이 되어 역할극을 할 수 있게 지도해 주세요.

〈보기〉 가: 뭘 드릴까요?
나: 비빔밥 한 그릇하고 김치찌개 이 인분 주세요.

나: 비빔밥 1,
김치찌개 2

친구 1:

친구 2:

친구 3:

명사 이/가 형용사

- 저는 학생 식당**이 좋아요.**

- 불고기**가 맛있어요.**

- 가: 한국어 수업**이 어때요?**
  나: 한국어 수업**이 재미있어요.**

'명사 이/가 형용사'는 앞에 오는 명사를 평가하는 말이다. 형용사의 자리에 '좋다/나쁘다, 맛있다/맛없다, 재미있다/재미없다'와 같은 표현을 사용하여 앞에 오는 명사가 어떤지를 구체적으로 평가한다.

The noun + 이/가 + adjective form is used when one wishes to evaluate the preceding noun. Adjectives such as '좋다/나쁘다, 맛있다/맛없다, 재미있다/재미없다' are used to specifically describe the preceding noun.

1 〈보기〉와 같이 문장을 만들어 보세요.
Follow the example to complete the sentences.

〈보기〉  제주도 + 좋다　　제주도가 좋아요.

1)  교실 + 크다

2)  영화 + 재미있다

3)  옷 + 비싸다

4)  사과 + 많다

5)  구두 + 예쁘다

6)  생선 + 맛있다

2 〈보기〉와 같이 대화를 완성해 보세요.
Create sentences as the example indicates.

〈보기〉 
가: 모자가 어때요?
나: 모자가 작아요.

1) 가: 떡볶이가 어때요?
   나: ________________________.

2) 가: 방이 어때요?
   나: ________________________.

3) 가: 영화가 어때요?
   나: ________________________.

4) 가: 책이 어때요?
   나: ________________________.

3 한국 생활이 어때요? 친구와 이야기해 보세요.
How is your life in Korea? Talk with your classmates.

〈보기〉 가: 아오이 씨, 한국 음식이 어때요?
나: 한국 음식이 맛있어요.

기숙사   한국 음식   한국 버스/지하철   학교

친구1

친구2

친구3

동사　형용사　고

- 김밥이 싸**고** 맛있어요.
- 지난 주말에 저는 청소를 하**고** 동생은 요리를 했어요.
- 가: 치마가 어때요?

  나: 치마가 싸**고** 예뻐요.

'–고'는 동사, 형용사와 결합하여 두 가지 이상의 동작이나 속성을 대등하게 나열할 때 사용한다.
'–고' is used in combination with verbs and adjectives to list two or more behaviors or properties in equal order.

1 〈보기〉와 같이 문장을 만들어 보세요.
Follow the example to complete the sentences.

〈보기〉

저: 커피를 마시다/친구: 콜라를 마시다
저는 커피를 마시고 친구는 콜라를 마셔요.

1) 빙빙: 가방을 사다/토니: 구두를 사다

2) 히엔: 비빔밥을 먹다/유미: 떡볶이를 먹다

3) 가방이 크다/무겁다

4) 옷이 싸다/좋다

2 〈보기〉와 같이 대화를 완성해 보세요.
Create sentences as the example indicates.

〈보기〉

가: 영화가 어때요? (슬프다, 무섭다)
나: 슬프고 무서워요.

1) 가: 코트가 어때요? (가볍다, 예쁘다)

   나: ____________________ .

2) 가: 기숙사가 어때요? (넓다, 깨끗하다)

   나: ____________________ .

3) 가: 히엔은 어때요? (키가 크다, 예쁘다)

   나: ____________________ .

4) 가: 토니는 어때요? (똑똑하다, 재미있다)

   나: ____________________ .

3 여러분은 지난주에 무엇을 샀어요? 친구와 이야기해 보세요.
What did you buy last week? Talk with your classmates.

마크: 지난주에 무엇을 샀어요?
빙빙: 구두를 샀어요.
마크: 구두가 어때요?
빙빙: 싸고 예뻐요.

	무엇을 샀어요?	어때요?
빙빙	구두	싸고 예뻐요
친구 1		
친구 2		

4 여러분은 한국 생활이 어때요? 친구와 이야기해 보세요.
How is your life in Korea? Talk with your classmates.

마크: 히엔 씨, 학교가 어때요?
히엔: 넓고 좋아요.

학교	기숙사	한국 음식	?
넓고 좋아요			

1 다음 그림과 알맞은 어휘를 연결하세요.
Match the pictures to the corresponding vocabulary.

1) 

2)

3)

4)

5)

6)

딸기

귤

녹차

치마

모자

운동화

2 빈칸에 알맞은 어휘를 골라 쓰세요.
Choose the appropriate vocabulary to complete the conversations.

맛있다　　　예쁘다　　　비싸다　　　크다

1) 가: 비빔밥이 어때요?

　　나: 맛있어요 .

2) 가: 구두가 어때요?

　　나: 아주 　　　　　 .

3) 가: 옷이 어때요?

　　나: 사이즈가

　　　　　　　　 .

4) 가: 가방이 어때요?

　　나: 　　　　　 .

3 알맞게 쓰세요.
Fill in the blank with an appropriate word.

원
개
병
잔
그릇
마리
명

1) 아주머니, 냉면 한 ___ 하고 비빔밥 두 ___ 주세요.

2) 어제 사과 세 ___ 하고 귤 열 ___ 를 샀어요.

3) 우리 가족은 모두 다섯 ___ 이에요.

4) 가: 모자하고 장갑이 얼마예요?
   나: 모자는 만 칠천 ___ 이고 장갑은 이만 ___ 이에요.

5) 가: 뭘 드릴까요?
   나: 커피 두 ___ 하고 녹차 한 ___ 주세요.

6) 가: 마트에서 뭐 샀어요?
   나: 라면 두 ___ 하고, 물 한 ___ 을 샀어요.

4 알맞은 문법 항목을 골라 대화를 완성해 보세요.
Choose an appropriate grammar item to complete the conversations.

-고	이/가

1) 가: 어제 뭐 했어요?
   나: 저는 ___ 친구는 운동했어요.

2) 가: 친구들이 뭐 해요?
   나: 유미 씨는 ___ 히엔 씨는 자요.

3) 가: 커피가 어때요?
   나: ___

4) 가: 구두가 어때요?
   나: ___

5) 가: 유미 씨가 어때요?
   나: 유미 씨는 키가 ___ 예뻐요.

7

계획

어휘 Vocabulary

계획 관련 어휘 Vocabulary related to planning

문법 Grammar

동사 (으)ㄹ 거예요, 명사부터 명사까지,
동사 (으)ㄹ까요?, 동사 형용사 (으)면

1 아는 어휘에 ✔ 해 보세요.
Identify the words you know.

☐ 방학	☐ 휴가	☐ 연휴	☐ 명절
☐ 산책을 해요	☐ 바다에 가요	☐ 산에 가요	☐ 푹 쉬어요

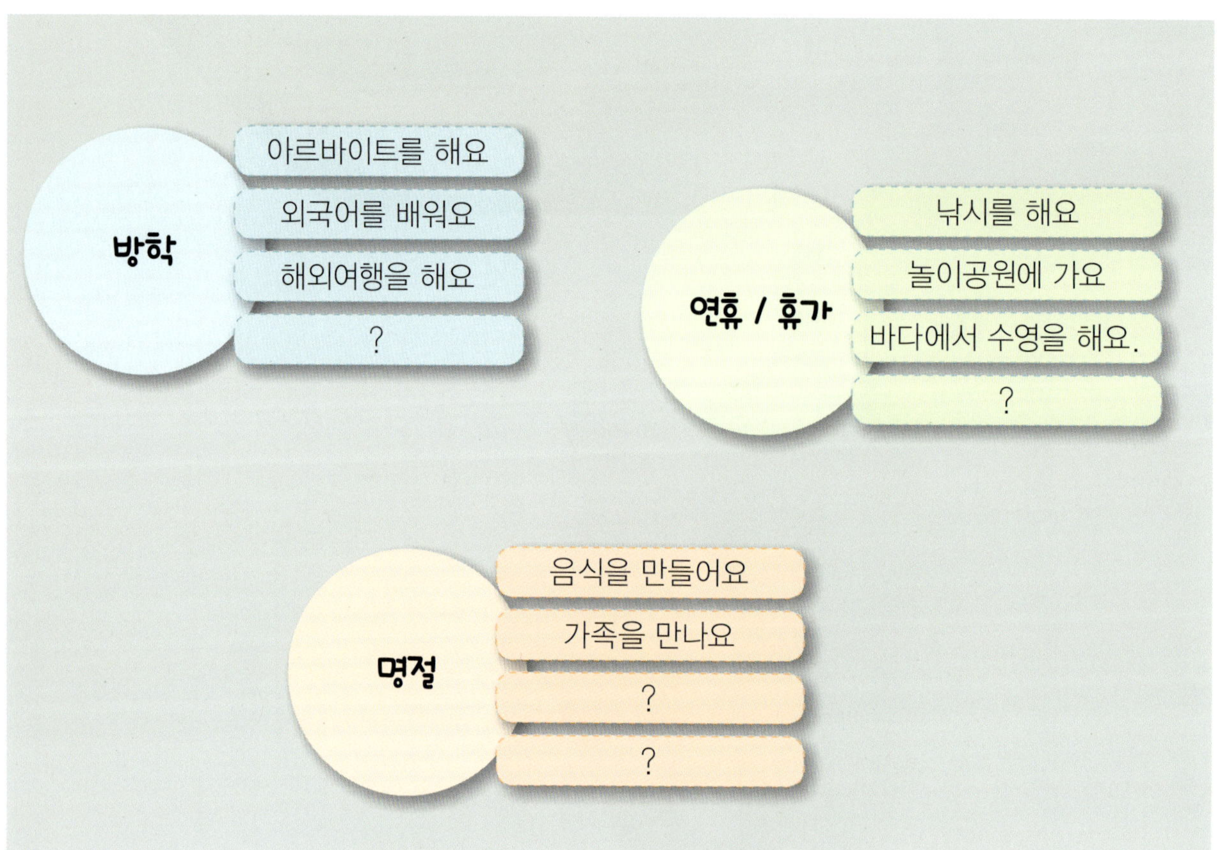

2 한국 대학생들이 방학에 무엇을 해요? 잘 듣고 모두 ✔ 하세요. 🎧36
Which activities are Korean college students doing on their break? Listen carefully and check the boxes.

1)
2) 
3) 
4) 

☐   ☐   ☐   ☐

무엇을 하고 싶어요? 친구와 이야기해 보세요.
Where do you want to go? What do you want to do there? Talk about it.

〈보기〉　가: 방학에 뭐하고 싶어요?

나: 카페에서 아르바이트를 하고 싶어요.

방학　　　연휴　　　휴가

여러분 나라에서는 명절에 보통 뭐 해요? 친구와 이야기해 보세요.
What do you usually do on national holidays in your country? Discuss with your classmates.

음식을 만들어요.

고향에 가요.

동사 (으)ㄹ 거예요

- 오늘 저녁에는 비빔밥을 먹**을 거예요**.

- 내일은 영화를 볼 **거예요**.

- 가: 내일 뭐 **할 거예요**?

  나: 백화점에서 옷을 **살 거예요**.

'-(으)ㄹ 거예요'는 동사와 결합하여 말하는 사람의 미래의 계획을 나타내는 표현이다. 동사 어간에 받침이 있으면 '-을 거예요'를 사용하며, 'ㄹ'받침이거나 받침이 없으면 '-ㄹ 거예요'를 사용한다.

'-(으)ㄹ 거예요' is attached to a verb to indicate the speaker is revealing his or her future plan. If the verb stem ends in a consonant, use '-을 거예요' form. If there is no final consonant, or the verb stem ends in 'ㄹ', write 'ㄹ 거예요'.

1 알맞게 쓰세요.
Fill in the blanks with the correct grammar items.

	-았/었어요	-아요/어요	-(으)ㄹ 거예요		-았/었어요	-아요/어요	-(으)ㄹ 거예요
가다	갔어요	가요	갈 거예요	먹다	먹었어요	먹어요	먹을 거예요
오다				읽다			
보다				열다			
앉다				쉬다			
자다				배우다			
쓰다				마시다			
공부하다				가르치다			
운동하다				유리하다			
샤워하다				여행하다			
산책하다				청소하다			

2 주말에 뭐 할 거예요? 어휘를 골라 문장을 만들어 보세요.
What are you going to do on the weekend? Use the example as a guide to write sentences.

1) 서점에서 책을 살 거예요.

2)

3)

4)

3 〈보기〉와 같이 여러분의 인생 계획을 세워 보세요.
Use the example as a guide to write your life plans.

〈보기〉 저는 1년 후에 대학교에 갈 거예요.
그리고 해외여행을 할 거예요.
그리고 ……

1년 후	3년 후	5년 후	10년 후
대학교에 가다			
해외여행을 하다			
?			

명사 부터 명사 까지

- 저는 9시**부터** 12시**까지** 공부해요.

- 성민 씨는 월요일**부터** 금요일**까지** 학교에 가요.

- 가: 아오이 씨, 여름 방학이 언제예요?
  나: 여름 방학은 7월**부터** 8월**까지**예요.

'부터, 까지'는 장소, 시간, 가격 명사와 결합하여 어떤 동작이나 상태가 시작되는 시점과 마치는 시점을 나타내는 조사이다.

The 'noun+부터 noun+까지' is attached to a place, time and price, and denotes the order of starting and ending point of an action or state or a sequence of movements from beginning to end.

'명사에서 명사까지'는 주로 장소 명사와 결합하여 사용된다.

예
- 서울에서 부산까지 얼마나 걸려요?

---

1 _______ 에 알맞은 조사를 쓰세요.
Fill in the blanks with the correct grammar items.

1) 7월 _______ 8월 _______ 방학이에요.

2) 오전 9시 _______ 오후 6시 _______ 일해요.

3) 두 시 _______ 네 시 _______ 친구를 만나요.

4) 아침 _______ 저녁 _______ 도서관에서 공부했어요.

5) 7월 20일 _______ 8월 10일 _______ 방학이에요.

6) 9시 _______ 2시 50분 _______ 한국어를 배워요.

2 〈보기〉와 같이 대화를 완성해 보세요.
Create sentences as the example indicates.

〈보기〉 가: 언제 한국어 수업이 있어요?
나: 9시부터 3시까지 한국어 수업이 있어요. (9시/3시)

1) 가: 점심시간은 언제예요?

나: ____________________________________. (12시/1시)

2) 가: 백화점 세일은 언제예요?

나: ____________________________________. (금요일/일요일)

3) 가: 언제 운동해요?

나: ____________________________________. (오후 2시/4시)

4) 가: 어제 몇 시까지 공부했어요?

나: ____________________________________. (밤 12시)

3 일정표를 보고 〈보기〉와 같이 친구와 이야기해 보세요.
Look at the timetable and talk about it with your classmates.

〈보기〉 가: 언제 한국어를 공부해요?
나: 월요일부터 목요일까지 한국어를 공부해요.

월요일	화요일	수요일	목요일	금요일	토요일	일요일
	한국어 공부			오전 9시~11시 (카페) 친구를 만나다	춘천 여행	
저녁 7시~10시 (영화관) 영화를 보다		저녁 6시~8시 (도서관) 공부하다		오후 7시~10시 (명동) 쇼핑하다		

동사 (으)ㄹ까요?

- 가: 우리 주말에 영화를 **볼까요?**
  나: 미안해요. 약속이 있어요.

- 가: 아오이 씨, 같이 산책**할까요?**
  나: 네, 좋아요. 같이 산책해요.

'-(으)ㄹ까요?'는 동사와 결합하여 듣는 사람에게 앞으로 할 일을 제안하거나 의견이나 생각을 물어볼 때 사용한다. 동사 어간에 받침이 있으면 '-을까요?', 'ㄹ'받침이거나 받침이 없으면 '-ㄹ까요?'가 된다.

'-(으)ㄹ까요?' is combined with a verb to suggest a future activity to a listener, ask someone to do something with you, or ask for thoughts/feedback on an issue. Use '-을까요?' if the verb stem ends in a consonant, but conjugate with '-ㄹ까요?' if the verb stem has no final consonant or ends with the consonant 'ㄹ'.

'-(으)ㄹ까요?'로 질문했을 때, '-(으)ㅂ시다'를 써서 대답할 수 있다. 그러나 이 표현은 아랫사람이나 친구에게 사용하고 윗사람에게는 사용하지 않는다.

예
- 학생: 오늘 저녁에 피자를 먹을까요?
  선생님: 좋아요, 피자를 먹읍시다.

---

1 알맞은 것을 연결하고 쓰세요.
Connect the following words to the correct vocabulary items and write in the answers.

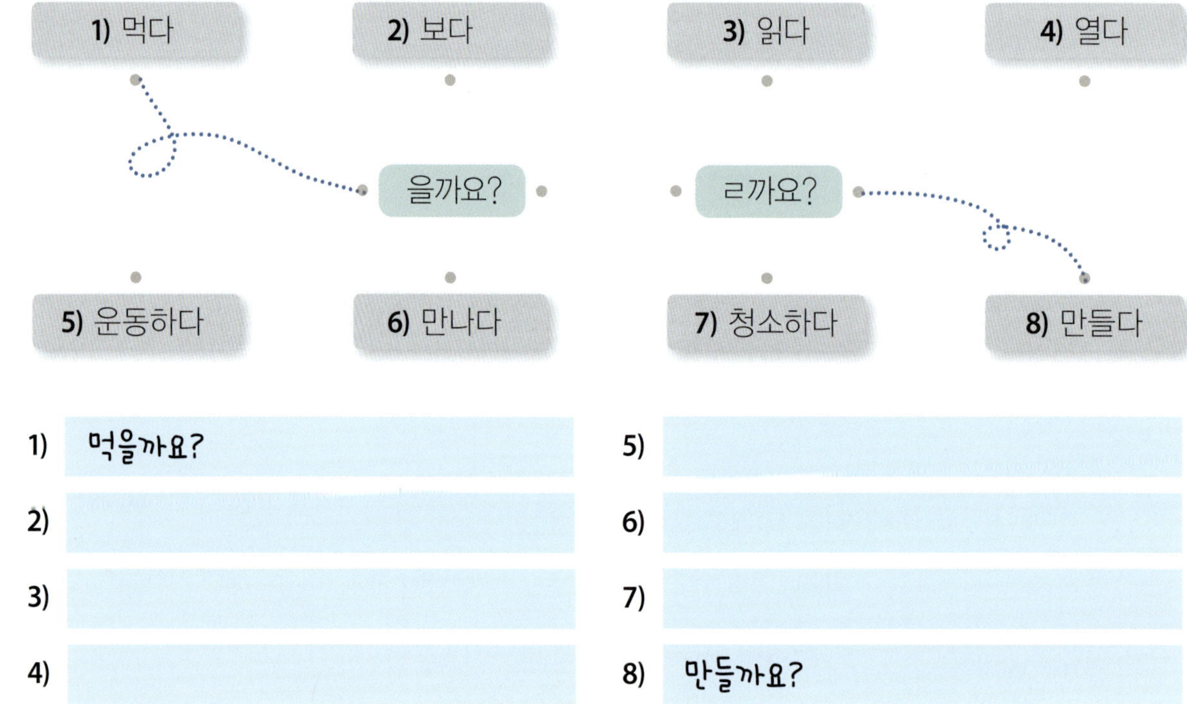

1) 먹을까요?

2)

3)

4)

5)

6)

7)

8) 만들까요?

2 〈보기〉와 같이 대화를 완성해 보세요.
Create sentences as the example indicates.

〈보기〉 가: 방학에 여행할까요? (여행하다)
나: 네. 좋아요.

1) 가: 주말에 영화관에서 _______________? (영화를 보다)

나: 네. 좋아요.

2) 가: 같이 _______________? (커피를 마시다)

나: 네. 같이 가요.

3) 가: 연휴에 _______________? (놀이공원에 가다)

나: 미안해요. 친구가 한국에 와요.

4) 가: 명절에 _______________? (고향 음식을 만들다)

나: 네. 좋아요. 같이 만들어요.

3 〈보기〉와 같이 상황에 맞게 대화를 만들어 보세요.
Write conversations like the one in the example that match the following situations.

수업이 끝났어요.
친구들과 무엇을 하고 싶어요?

〈보기〉

가: 카페에서 커피를 마실까요?
나: 네, 좋아요./
미안해요. 약속이 있어요.

시험이 끝났어요.
친구들과 무엇을 하고 싶어요?

가: _______________.
나: 네, 좋아요./
미안해요. 약속이 있어요.

영화가 12시에 시작해요.
지금 시간이 11시예요.
친구와 무엇을 하고 싶어요?

가: _______________?
나: 네, 좋아요./
미안해요. 시간이 없어요.

동사 형용사 -(으)면

- 수업이 끝나**면** 친구하고 같이 점심을 먹을 거예요.
- 저는 저녁에 커피를 마시**면** 잠을 못 자요.
- 가: 시간이 있**으면** 뭐 할 거예요?
  나: 여행을 할 거예요.

'-(으)면'은 동사, 형용사와 결합하여 뒤에 오는 말에 대한 조건이나 가정을 나타낸다. 동사나 형용사 어간에 받침이 있으면 '-으면', 'ㄹ'받침이거나 받침이 없으면 '-면'이 된다.

'-(으)면' is conjugated with verbs and adjectives to indicate the conditions or assumptions necessary for the actions explained by the following words to take place. If the stem ends in a consonant, add '으면'. If the stem does not contain a final consonant, or the final consonant is 'ㄹ', simply use '면'.

1 알맞게 연결하고 쓰세요.
Match the descriptions to the appropriate actions and make a sentence.

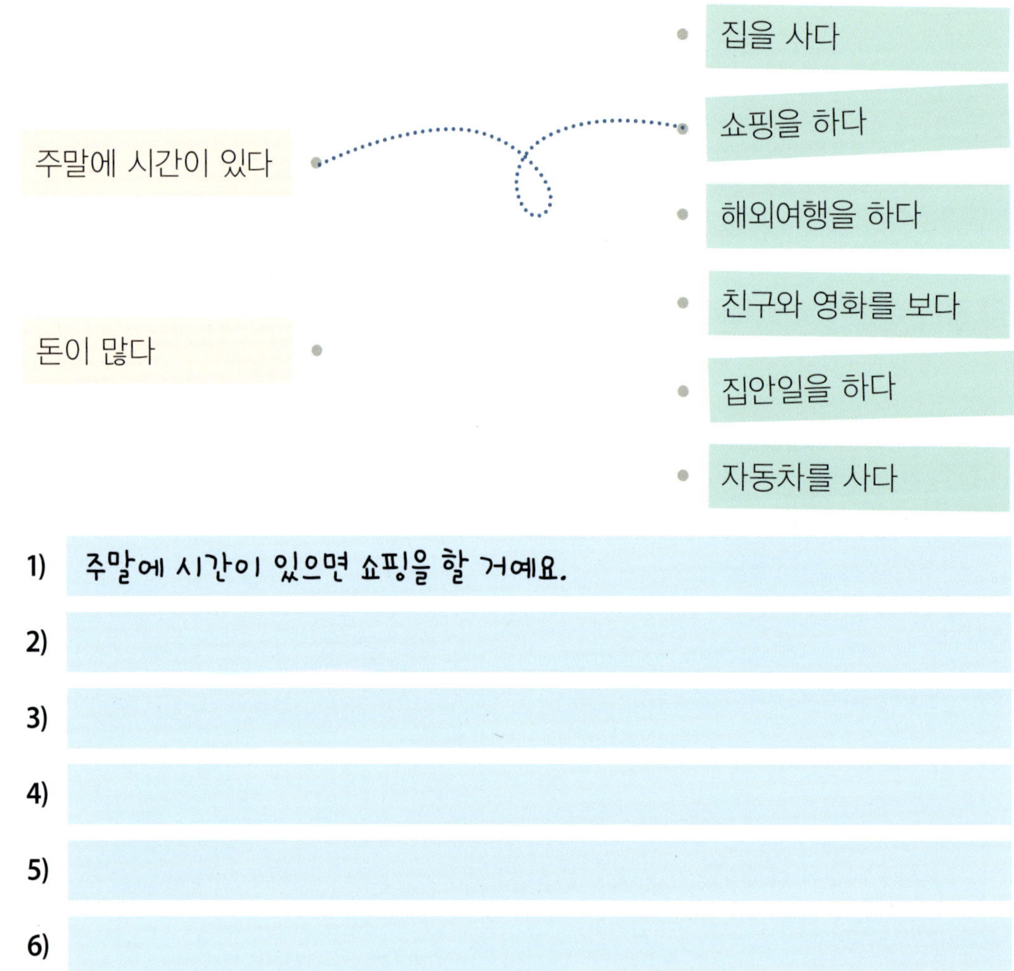

1) 주말에 시간이 있으면 쇼핑을 할 거예요.

2)

3)

4)

5)

6)

2 〈보기〉와 같이 문장을 만들어 보세요.
Follow the example to write.

> 〈보기〉 시간이 있다, 여행을 가다
> ··· 시간이 있으면 여행을 가요.

1) 수업이 끝나다, 도서관에 가다 ···

2) 카페에 가다, 커피를 마시다 ···

3) 쇼핑하고 싶다, 동대문 시장에 가다 ···

4) 부모님이 보고 싶다,   ?   ···

5)   ?   , 행복하다 ···

3 〈보기〉와 같이 상황에 맞게 친구와 이야기해 보세요.
Talk to your classmates about the following situations as the example indicates.

〈보기〉

친구를 만나면 보통 뭐 해요?

• 친구를 만나면 보통 커피를 마셔요.
• 친구를 만나면 보통 영화를 봐요.

1)

방학하면 뭐 하고 싶어요?

2)

한국 친구가 있으면 뭐 할 거예요?

3)

시간이 많으면 뭐 하고 싶어요?

1 다음 그림과 알맞은 어휘를 연결해 보세요.
Match the pictures to the corresponding vocabulary.

1) 

2) 

3) 

4) 

외국어를 배워요

아르바이트를 해요

낚시를 해요

놀이공원에 가요

2 알맞은 어휘를 골라 대화를 완성해 보세요.
Select the appropriate vocabulary and complete the conversations.

취직하다	돈을 모으다	결혼하다
대학교에 입학하다	대학교를 졸업하다	연애하다

1) 가: 1년 후에 뭐 할 거예요?

   나: ________________.

2) 가: 대학교를 졸업하면 뭐 할 거예요?

   나: ________________.

3) 가: ________________?

   나: 집을 살 거예요.

4) 가: ________________?

   나: 여자/남자 친구를 사귈 거예요.

3 알맞게 연결하고 쓰세요.
Match the descriptions to the appropriate actions and make a sentence.

1) 방학하다 — 차를 사다
2) 친구를 만나다 — 아르바이트를 하다
3) 취직하다 — 같이 영화를 보다
4) 식당에 가다 — 불고기를 먹다

1) 방학하면 아르바이트를 할 거예요.
2)
3)
4)

4 알맞은 문법 항목을 골라 대화를 완성해 보세요.
Select the correct grammar items to complete the conversations.

–(으)ㄹ 거예요　　　　–(으)ㄹ까요?　　　　부터 ~ 까지

1) 가: 우리 같이 밥을 먹어요. 뭘 ＿＿＿＿＿?
　 나: 불고기를 먹어요.

2) 가: 주말이에요. 같이 ＿＿＿＿＿?
　 나: 네. 좋아요

3) 가: 저녁에 뭐 할 거예요?
　 나: ＿＿＿＿＿.

4) 가: 언제 한국어를 공부해요?
　 나: ＿＿＿＿＿.

※ [1~4] 〈보기〉와 같이 그림을 보고 (   )에 알맞은 것을 고르십시오.

〈보기〉

가: 이것은 뭐예요?

나: (   )예요.

① 책상　　　　　　❷ 의자

③ 시계　　　　　　④ 교실

1.　가: 저것은 뭐예요?

　　나: (　　　　)이에요.

　　① 책　　　　　　② 연필

　　③ 필통　　　　　④ 책상

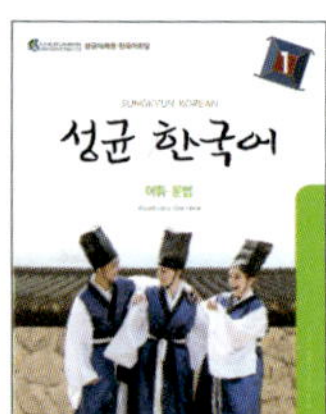

2.　가: 어느 나라 사람이에요?

　　나: (　　　　) 사람이에요.

　　① 영국　　　　　② 일본

　　③ 베트남　　　　④ 말레이시아

3.　가: 직업이 뭐예요?

　　나: (　　　　)이에요.

　　① 가수　　　　　② 경찰

　　③ 사진작가　　　④ 회사원

4.　가: 이 사람은 지금 뭐 해요?

　　나: (　　　　).

　　① 읽어요　　　　② 마셔요

　　③ 운동해요　　　④ 요리해요

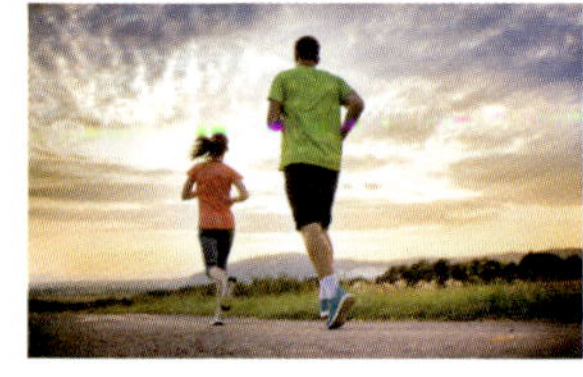

※ [5~8] 〈보기〉와 같이 밑줄 친 부분과 반대되는 뜻을 가진 것을 고르십시오.

〈보기〉

가: 가방이 <u>있어요</u>?

나: 아니요, (   ).

① 많아요　　　　❷ 없어요　　　　③ 예뻐요　　　　④ 커요

5.　가: 한국 친구가 <u>많아요</u>?

　　나: 아니요, (   ).

　　① 적어요　　　　② 좋아요　　　　③ 예뻐요　　　　④ 나빠요

6.　가: 영화가 <u>재미있어요</u>?

　　나: 아니요, (   ).

　　① 맛없어요　　　　② 재미없어요　　　　③ 맛있어요　　　　④ 많아요

7.　가: 가방이 <u>커요</u>?

　　나: 아니요, (   ).

　　① 예뻐요　　　　② 좋아요　　　　③ 작아요　　　　④ 가까워요

8.　가: 사과가 <u>비싸요</u>?

　　나: 아니요, (   ).

　　① 싸요　　　　② 적어요　　　　③ 슬퍼요　　　　④ 나빠요

※ [9~11] 〈보기〉와 같이 밑줄 친 부분의 의미와 비슷한 것을 고르십시오.

〈보기〉

친구하고 <u>이야기해요</u>?

① 만나요　　　　❷ 말해요　　　　③ 들어요　　　　④ 읽어요

9.　<u>토요일하고 일요일</u>에 보통 뭐 해요?

　　① 주말　　　　② 월요일　　　　③ 어제　　　　④ 내일

10. 어제 친구와 <u>축구를 했어요</u>.

① 산책했어요　　② 여행했어요　　③ 청소했어요　　④ 운동했어요

11. 가: 지금 몇 시예요?
　　나: 12시 <u>30분</u>이에요.

① 쯤　　② 반　　③ 개　　④ 그릇

※ [12~14] 〈보기〉와 같이 (　　)에 가장 알맞은 것을 고르십시오.

〈보기〉

커피를 (　　　　).

① 읽어요　　❷ 마셔요　　③ 가요　　④ 공부해요

---

12. 밥 (　　　　)?

① 갔어요　　② 먹었어요　　③ 읽었어요　　④ 공부했어요

13. 미국 대학교에서 (　　　　).

① 많아요　　② 공부해요　　③ 요리해요　　④ 일어나요

14. 주말에는 친구하고 명동에서 (　　　　).

① 사요　　② 가요　　③ 열어요　　④ 쇼핑해요

※ [15~18] 〈보기〉와 같이 (　　)에 알맞은 것을 고르십시오.

〈보기〉

(　　　　) 한국 사람입니다.

① 저를　　❷ 저는　　③ 저와　　④ 저에서

---

15. 마트에서 사과를 (　　　　) 샀어요.

① 다섯 개　　② 다섯 권　　③ 다섯 병　　④ 다섯 마리

16. 생일이 (　　　　)예요?

① 어디　　② 언제　　③ 무슨　　④ 얼마

17. 교실(   ) 컴퓨터가 있어요.

　　① 에　　　　　　　② 이　　　　　　　③ 을　　　　　　　④ 에서

18. 유미 씨(   ) 김치찌개(   ) 좋아해요.

　　① 은, 을　　　　　② 는, 가　　　　　③ 는, 를　　　　　④ 이, 가

※ [19~21] 〈보기〉와 같이 (   )에 가장 알맞은 것을 고르십시오.

〈보기〉

　　가: 지금 뭐 해요?

　　나: 친구하고 (   ).

　　① 놀았어요　　　　❷ 놀아요　　　　③ 놀겠어요　　　　④ 노세요.

---

19. 가: 어제 뭐 했어요?

　　나: 집에서 (   ).

　　① 쉬어요　　　　　② 쉬었어요　　　　③ 못 쉬어요　　　　④ 쉬지 않아요

20. 다음 주에는 (   ).

　　① 산책이에요　　　② 산책했어요　　　③ 산책하고 싶어요　　　④ 산책이 아니에요

21. 한국에 (   ) 한국어를 못해요.

　　① 살고　　　　　　② 살면　　　　　　③ 살까요　　　　　④ 살지만

※ [22~23] 다음 글을 읽고 물음에 답하십시오.

가: 주말 잘 보냈어요?

나: 네, 일이 (　ㄱ　). 바빴어요.

가: 내일 만날까요?

나: 네, 학교 (　ㄴ　)에서 만나요.

---

22. ㄱ에 알맞은 것을 고르십시오.

　　① 했어요　　　　　② 갔어요　　　　　③ 많았어요　　　　④ 없었어요

23. ㉡에 알맞은 것을 고르십시오.

① 앞   ② 위   ③ 사이   ④ 아래

※ [24~25] 다음 글을 읽고 물음에 답하십시오.

가: 뭘 드릴까요?
나: 비빔밥 (㉠   ) 주세요.
나: (㉡   )?
가: 12,000원입니다.

24. ㉠에 알맞은 것을 고르십시오.

① 두 병   ② 두 명   ③ 두 그릇   ④ 두 인분

25. ㉡에 알맞은 것을 쓰세요.
(   )

※ [26~29] 〈보기〉와 같이 밑줄 친 부분에 알맞은 것을 고르십시오.

〈보기〉
가: ___________________________?
나: 네, 많아요.
① 바나나를 먹어요
❷ 바나나가 많아요
③ 바나나가 맛있어요
④ 바나나를 좋아해요

26. 가: ___________________________?
나: 도서관에서 공부해요.
① 어디에 공부해요
② 어디가 공부해요
③ 어디에서 공부해요
④ 어디하고 공부해요

27. 가: ______________________________?

나: 아니요, 토요일이에요.

① 오늘 뭐 해요

② 오늘이 며칠이에요

③ 오늘이 금요일이에요

④ 오늘이 무슨 요일이에요

28. 머리가 아파요. 그래서 ______________________________.

① 학교에 가요

② 학교에 갈까요

③ 학교에 못 가요

④ 학교가 아니에요

29. 저는 밥을 ______________________________.

① 먹고 물을 마셔요

② 먹지만 물을 마셔요

③ 먹었고 물을 마셔요

④ 먹었지만 물을 마셔요

※ [30~32] 〈보기〉와 같이 문장을 만드십시오.

〈보기〉
갑니다, 저는, 버스를, 타고, 학교에
→ 저는 버스를 타고 학교에 갑니다.

30. 이번, 쉬고, 주말에는, 집에서, 싶어요

→ ______________________________

31. 비싸지만, 음식은, 이 식당, 맛있어요

→ ______________________________

32. 아침에, 저는, 세수를, 하고, 가요, 회사에

→ 저는 ______________________________

※ [33~35] 〈보기〉와 같이 밑줄 친 부분에 알맞은 것을 고르십시오.

〈보기〉

영화관에 갔어요. 그리고 ______________________.

① 친구가 많았어요

❷ 친구를 만났어요

③ 친구가 재미있었어요

④ 친구가 갔어요

---

33. 명동에 사람이 많았어요. 그래서 ______________________.

① 집에 왔어요

② 집이 있었어요

③ 집까지 갔어요

④ 집에 없어요

34. 텔레비전을 봤어요. 그리고 ______________________.

① 잤어요

② 컸어요

③ 작았어요

④ 맛있었어요

35. 어제는 더웠어요. 하지만 ______________________.

① 오늘은 바빠요

② 오늘은 더웠어요

③ 오늘은 재미있어요

④ 오늘은 덥지 않아요

※ [36~37] 〈보기〉와 같이 잘못 쓴 것을 고르십시오.

〈보기〉

①학교에 있었어요. ❷친구가 와요. ③같이 공부했어요. ④재미있었어요.

36.

> ① 이번 방학에는 고향에 갈 거예요. ② 고향 음식을 먹었어요. ③ 그리고 친구를 만날 거예요.
> ④ 친구를 만나면 영화를 볼 거예요.

37.

> ① 어제 중국 식당에 갔어요. ② 식당에 친구가 왔어요. ③ 같이 중국 음식을 먹을 거예요.
> ④ 음식은 비쌌지만 맛있었어요.

※ [38~40] 다음 글을 읽고 (   )에 알맞은 것을 고르십시오.

> 가: 언제 방학이에요?
> 나: 7월(㉠   ) 8월(㉠   ) 방학이에요.
> 가: 방학하면 고향에 가요?
> 나: 네.
> 가: 그럼, 이번 주말에 (㉡   )?
> 나: 좋아요. 언제 시간이 있어요?
> 가: 저는 토요일에 만나고 싶어요.
> 나: 미안해요. (㉢   ).
> 가: 그럼, 일요일에 만나요.
> 나: 좋아요.

38. (㉠   )

① 부터, 까지　　　　② 까지, 부터　　　　③ 에서, 으로　　　　④ 에서, 부터

39. (㉡   )

① 만날까요　　　　② 만났어요　　　　③ 만날 거예요　　　　④ 만나려고 해요

40. (㉢   )

① 토요일에 갔어요
② 토요일에 갈 거예요
③ 토요일에 약속이 있어요
④ 토요일에 약속이 있으면 좋아요

8

교통

어휘 Vocabulary

교통수단 관련 어휘 Vocabulary related to transportation

문법 Grammar

동사 (으)세요, 명사 (으)로, 동사 (으)려고 하다,
동사 지 마세요, 동사 아야/어야/여야 되다

1 아는 어휘에 ✔ 해 보세요.
Identify the words you know.

 □ 버스
 □ 택시
 □ 지하철
 □ 비행기
 □ 기차

 □ 고속버스
 □ 배
 □ 자동차
 □ 자전거
 □ 오토바이

2 아는 어휘에 ✔ 해 보세요.
Identify the words you know.

 □ 타요
 □ 내려요
 □ 갈아타요

 □ 길을 건너요
 □ 타고 가요/와요/다녀요
 □ 걸어서 가요/와요/다녀요

3 잘 듣고 알맞은 번호를 쓰세요. 37
Listen carefully and list the numbers of the pictures in the order they are described.

4 빈칸에 알맞은 말을 쓰세요.
Fill out the blanks with an appropriate sentence.

'혜화 역'에서 '종로 3가 역'까지 가고 싶어요. 어떻게 가요?

타다　　내리다　　갈아타다

혜화 역에서 지하철 4호선을 ....

→ 동대문 역에서 **내려요** .

→ 동대문 역에서 1호선으로 ....

→ 종로 3가 역에서 ....

5 친구와 이야기해 보세요.
Discuss with your classmates.

1) 한국에서 여러분은 무엇을 자주 타요?

2) 여러분 나라에서는 주로 무엇을 탔어요?

	나	친구 1	친구 2
1)			
2)			

동사 (으)세요

- 책을 읽**으세요**.

- 이름하고 전화번호를 쓰**세요**.

- 가: 명동에 어떻게 가요?
  나: 지하철 4호선을 타**세요**.

'–(으)세요'는 동사와 결합하여 어떠한 행동을 하라고 명령하거나 요청할 때 사용한다. 동사 어간에 받침이 있으면 '–으세요', 'ㄹ' 받침이거나 받침이 없으면 '–세요'가 된다.

'-(으)세요' is attached to verbs when you want to ask or command something to do a specific action. If the verb contains a final consonant, attach '-(으)세요', but if a final consonant is missing, or the final consonant is 'ㄹ', attach '세요'.

'먹다', '자다', '있다'는 '드세요', '주무세요', '계세요'로 씀을 지도해 주세요.

---

1 알맞게 쓰세요.
Connect the verbs to the proper endings.

● 새로 나온 표현 ●
입다

	–(으)세요		–(으)세요
읽다		가다	
찍다		오다	
앉다		타다	
받다		내리다	
입다		열다	

2 〈보기〉와 같이 대화를 완성해 보세요.
Create sentences as the example indicates.

〈보기〉

가: 여기를 보세요. (보다)

나: 네, 선생님.

1) 가: 머리가 아파요.

   나: 아프면 집에서 ___________. (쉬다)

2) 가: 여기에서 한강에 어떻게 가요?

   나: 5번 버스를 ___________. (타다)

3) 가: 여기에 사람이 있어요?

   나: 아니요, 없어요. ___________. (앉다)

4) 가: 유미 씨, 생일 축하해요. 선물을 ___________. (받다)
   나: 와, 고맙습니다.

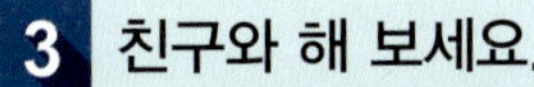

3 친구와 해 보세요.
Try it with your classmates.

❶ 가위, 바위, 보를 하세요.
Play rock, scissors, paper to determine who wins.

❷ 이긴 사람이 진 사람에게 '-(으)세요'를 사용해서 명령하세요.
The winning person will tell the others what to do using '-(으)세요'.

❸ 진 사람은 잘 듣고 그 행동을 하세요.
The others will follow the winner's directions.

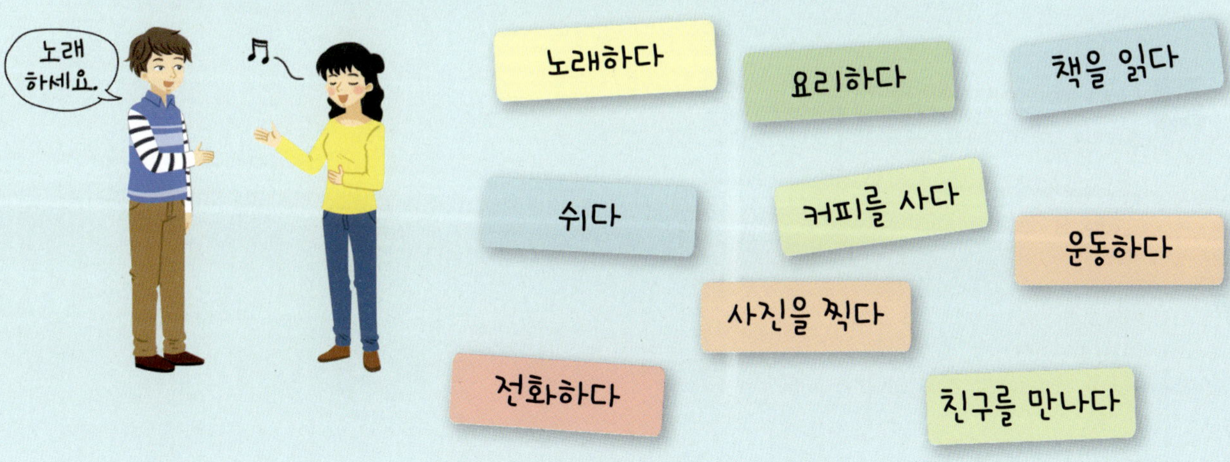

명사 (으)로

- 저는 집**으로** 갈 거예요.

- 수업이 끝나면 카페**로** 오세요.

- 가: 어디**로** 여행을 갈 거예요?

  나: 유럽**으로** 갈 거예요.

'(으)로'는 명사와 결합하여 이동하는 방향이나 장소를 나타내는 조사이다. 명사에 받침이 있으면 '으로', 'ㄹ' 받침이거나 받침이 없으면 '로'를 사용한다.

'-(으)로' is attached to a noun to indicate a specific direction to move in or lay out the direction in which something can be found. Use '-으로' if the noun ends in a consonant. If the noun ends in a vowel or the final consonant is 'ㄹ', use '로'.

1 알맞게 쓰세요.
Fill in the blanks with the correct grammar items.

	(으)로		(으)로
오른쪽	**오른쪽으로**	아래	
왼쪽		위	
3층		회사	
앞		교실	

2 〈보기〉와 같이 대화를 완성해 보세요.
Create sentences as the example indicates.

〈보기〉

가: 어디로 여행을 가요?

나: 제주도로 여행을 가요.

1) 가: 여름휴가는 어디로 가요?

나: ________________________ 갈 거예요.

2) 가: 수업이 끝나면 어디로 가요?

나: ________________________ 가요.

3) 가: 화장실이 어디에 있어요?

나: ________________________ 가세요.

4) 가: 사무실이 어디에 있어요?

나: ________________________ 가세요.

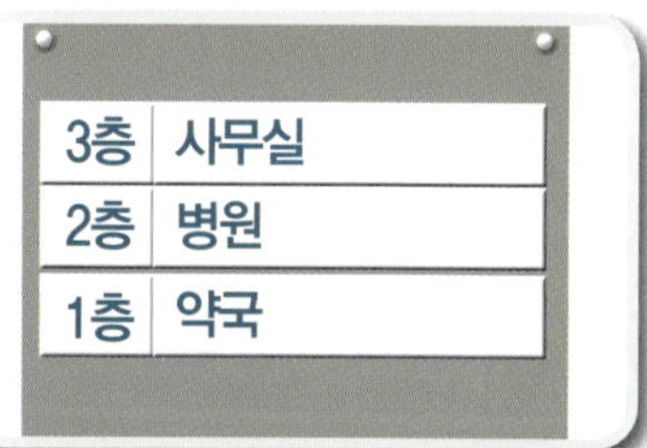

3 어디로 가면 돼요? 친구와 이야기해 보세요.

Where does this person have to go? Discuss it with your classmates.

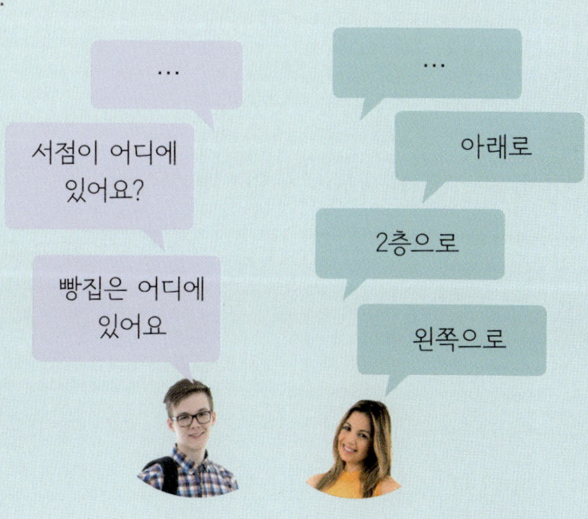

동사 (으)려고 하다

- 도서관에서 책을 읽**으려고 해요**.

- 부산에 버스를 타고 가**려고 해요**.

- 가: 주말에 뭐 할 거예요?
  나: 친구를 만나**려고 해요**.

'-(으)려고 하다'는 동사와 결합하여 미래에 어떤 일이나 행위를 할 마음, 뜻, 의도가 있음을 나타낸다. 동사 어간에 받침이 있으면 '-으려고 하다', 'ㄹ' 받침이거나 받침이 없으면 '-려고 하다'가 된다.

'-(으)려고 하다' is attached to a verb to show that there is an heart-felt desire or intention to act or work in a certain way in the future. If the verb ends in a consonant, conjugate with '-으려고 하다', but if the verb does not end in a consonant, or the final consonant is 'ㄹ', use '-려고 하다'.

1 알맞게 연결하고 쓰세요.

Connect the actions to the correct ending and write the sentence.

1) 친구를 만나다		6) 영화를 보다
2) 책을 읽다	–으려고 해요	7) 고향 음식을 먹다
3) 도서관에 가다		8) 데이트하다
4) 커피를 마시다	–려고 해요	9) 사진을 찍다
5) 택시를 타다		10) 선물을 사다

1) 친구를 만나려고 해요.

2)

3)

4)

5)

6)

7) 고향 음식을 먹으려고 해요.

8)

9)

10)

2 〈보기〉와 같이 대화를 완성해 보세요.
Create sentences as the example indicates.

〈보기〉

가: 오후에 뭐 하려고 해요?
나: 서점에 가려고 해요.

1) 가: 주말에 뭐 할 거예요?

　　나: ________________________ .

2) 가: 내일 뭐 해요?

　　나: ________________________ .

3) 가: 백화점에 어떻게 갈 거예요?

　　나: ________________________ .

4) 가: 방학에 뭐 하려고 해요?

　　나: ________________________ .

3 친구와 이야기해 보세요.
Talk with your classmates.

질문	나	친구 1	친구 2
주말에 어디에 가려고 해요?			
거기에 어떻게 가려고 해요?			

동사 지 마세요

- 박물관에서 사진을 찍**지 마세요**.

- 버스를 타**지 마세요**. 지하철을 타세요.

- 가: 여기에서 음식을 먹**지 마세요**.
  나: 네, 죄송합니다.

'−지 마세요'는 동사와 결합하여 듣는 사람에게 어떤 행위를 금지할 때 사용한다.
'-지 마세요' is attached to a verb when prohibiting a person from doing something.

1 〈보기〉와 같이 그림을 보고 알맞게 쓰세요.
Use the pictures and example as a guide to write complete sentences.

〈보기〉

음식을 먹다

음식을 먹지 마세요.

1)

사진을 찍다

2)

주차하다

3)

휴대 전화를 하다

4)

담배를 피우다

5)

뛰다

2 〈보기〉와 같이 대화를 완성해 보세요.
Create sentences as the example indicates.

> 〈보기〉 가: 공항에 버스를 타고 가려고 해요.
> 나: 버스를 타지 마세요. 지하철이 빨라요. (버스를 타다)

1) 가: 밤에 잠을 못 자요.

   나: ____________________. (커피를 많이 마시다)

2) 가: 수업 시간에 ____________________. (음식을 먹다)

   나: 네, 선생님.

3) 가: 이 영화를 보고 싶어요.

   나: 재미없어요. ____________________. (이 영화를 보다)

4) 가: 지금 전화하려고 해요.

   나: 너무 늦었어요. ____________________. (전화하다)

5) 가: 여기에서 ____________________. (담배를 피우다)

   나: 죄송합니다.

3 무슨 이야기를 하고 싶어요? 써 보세요.
What do you want to talk about? Write down your answers.

많이 놀다

- 인터넷 게임을 하지 마세요.
-

아이스크림을 많이 먹다

-
-

커피를 많이 마시다

담배를 피우다

-
-

동사 -아야/어야/여야 되다

- 여기에서 길을 건너**야 돼요**.

- 내일은 시험이 있어요. 그래서 열심히 공부**해야 돼요**.

- 가: 지하철 몇 호선을 타**야 돼요**?
  나: 4호선을 타세요.

'-아야/어야/여야 되다'는 동사와 결합하여 어떤 일을 꼭 할 의무나 필요가 있음을 나타낸다. '되다' 대신에 '하다'도 많이 사용한다. 동사 어간의 끝 음절이 'ㅏ, ㅗ'로 끝나면 '-아야 되다'가, 그 외에는 '-어야 되다', '하다'는 '해야 되다'가 된다.

'-아야/어야/여야 되다' is attached to a verb to show that a person has an obligation to do something. '되다' is often used along with '하다' in the same sentence. Use '-아야 되다' after ㅏ and ㅗ and '-어야 되다' after all the others. All verbs attached to '하다' take on the '여야 되다' form.

1 알맞게 쓰세요.
Fill in the blanks with the correct grammar items.

	-아야/어야/여야 되다		-아야/어야/여야 되다		-아야/어야/여야 되다
가다	가야 돼요	먹다		공부하다	
자다		읽다		청소하다	
오다		마시다		운동하다	
보다		가르치다		전화하다	

2 〈보기〉와 같이 대화를 완성해 보세요.
Create sentences as the example indicates.

〈보기〉 가: 왜 백화점에 가요?
나: 친구 생일이에요. 선물을 사야 돼요. (선물을 사다)

1) 가: 지금 카페에 갈까요?
   나: 너무 늦었어요. ________________. (집에 가다)

2) 가: 한강 공원에 가려고 해요. 어디에서 버스를 ________________? (타다)
   나: 여기에서 타세요.

3) 가: 오늘 같이 영화를 볼까요?
   나: 미안해요. ________________. (공부하다) 내일 시험이 있어요.

4) 가: 오늘 시간 있어요?
   나: 미안해요. 친구 생일이에요. 그래서 ________________. (파티에 가다)

3 〈보기〉와 같이 대화를 완성해 보세요.
Create sentences as the example indicates.

이름	언제	무엇을
〈보기〉 뚜언	수업 후	히엔 씨하고 같이 숙제하다
1) 제임스	내일 저녁	서점에 가다
2) 안나	금요일	아르바이트를 하다
3) 성민	주말	가족과 시간을 보내다

〈보기〉　가: 뚜언 씨, 수업 후에 같이 도서관에 갈까요?
　　　　나: 미안해요. 저는 히엔 씨하고 같이 숙제해야 돼요.

1) 가: 제임스 씨, 내일 저녁에 같이 쇼핑할까요?

　 나: 미안해요. ________________________________.

2) 가: 안나 씨, 금요일에 같이 영화 볼까요?

　 나: 미안해요. ________________________________.

3) 가: 성민 씨, 주말에 같이 여행 갈까요?

　 나: 미안해요. ________________________________.

4 '친구 생일이에요, 여행을 가요.' 무엇을 준비해야 돼요? 써 보세요.
On your friend's birthday and when you are going on a trip, what should you prepare?
Write down the sentences.

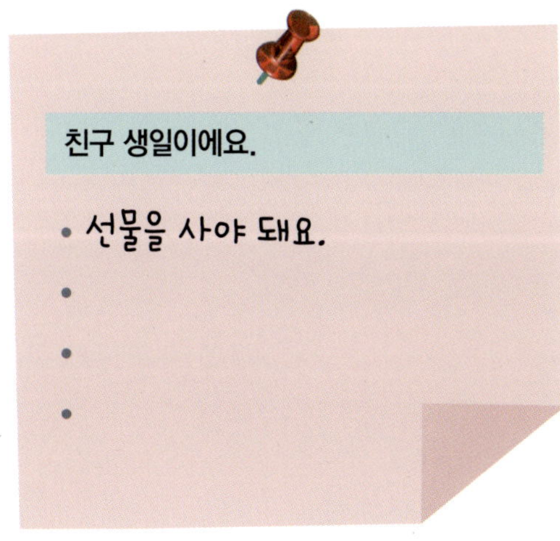

1 다음 그림과 알맞은 어휘를 연결해 보세요.
Connect the following pictures to the appropriate vocabulary.

1) 

2) 

3) 

4) 

5) 

자전거

지하철

배

공항

버스 정류장

2 알맞은 어휘를 골라 대화를 완성해 보세요.
Select the appropriate vocabulary to complete the conversations.

건너다

갈아타다

가깝다

내리다

타고 오다

1) 가: 집에서 학교까지 어떻게 와요?

　　나: 버스를 　　　　　　.

2) 가: 여기에서 택시를 타야 돼요?

　　나: 아니요, 길을 　　　　　　. 저기에서 타세요.

3) 가: 여기에서 하나 서점까지 멀어요?

　　나: 아니요, 　　　　　　. 5분 걸려요.

4) 가: 동대문 시장에 가려고 해요. 어떻게 가요?

　　나: 지하철 동대문 역에서 　　　　　　. 동대문 역에서 걸어 가세요.

5) 가: 지하철 3호선을 타면 서울 역에 가요?

　　나: 아니요, 종로 3가 역에서 4호선으로 　　　　　　.

3 〈보기〉와 같이 알맞게 써 보세요.
Follow the example to complete the sentences.

〈보기〉   왼쪽으로 가세요.

1) 3층   ________________________ .

2) ________________________ .

3) 지하 1층 ________________________ .

4) ________________________ .

4 알맞은 문법을 골라 대화를 완성해 보세요.
Select appropriate grammar to complete the conversations.

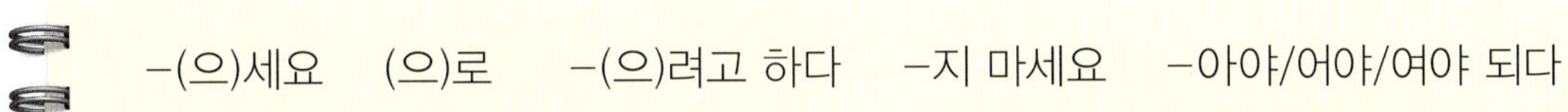

1) 가: 내일 뭐 할 거예요?

   나: ________________________

2) 가: 여기에서 사진을 찍을까요?

   나: 아니요, ________________________ .

3) 가: 학생 식당이 어디에 있어요?

   나: ________________________

2층	강의실
1층	도서관
지하 2층	학생 식당

4) 가: 저녁에 같이 영화를 볼까요?

   나: 미안해요. ________________________ .

   　　 내일 시험이 있어요.

9 날씨와 계절

 **어휘** Vocabulary

날씨 관련 어휘 Vocabulary related to weather

문법 Grammar

동사 형용사 습니다/습니까?, ㅂ불규칙,
형용사 아지다/어지다/여지다, 동사 형용사 겠-

1 아는 어휘에 ✔ 해 보세요.
Identify the words you know.

☐ 따뜻해요 ☐ 더워요 ☐ 시원해요 ☐ 쌀쌀해요 ☐ 추워요

☐ 하늘이 맑아요 ☐ 흐려요 ☐ 바람이 불어요 ☐ 비가 와요 ☐ 눈이 와요

2 잘 듣고 알맞게 쓰세요. 🎧 38
Listen carefully and write down the correct answers.

1) 비가 ______________ .

2) 오늘은 ______________ .

3) 날씨가 ______________ .

4) ______________ ______________ .

5) 요즘은 ______________ .

6) 하늘이 ______________ .

3 한국 날씨가 어때요? 그림을 보고 알맞게 써 보세요.
How is the weather in Korea? Fill in the descriptions after looking at the pictures.

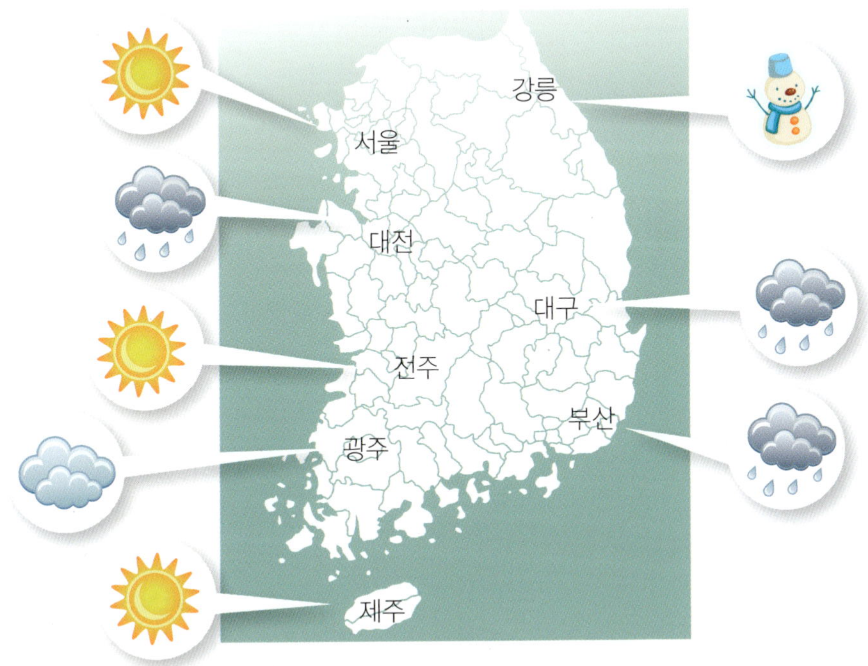

1) 서울: 맑아요.

2) 강릉: __________.

3) 대전: __________.

4) 대구: __________.

5) 전주: __________.

6) 부산: __________.

7) 광주: __________.

8) 제주도: __________.

4 〈보기〉와 같이 친구와 이야기해 보세요.
Follow the example to talk with your classmates.

〈보기〉
가: 오늘 한국 날씨는 어때요?
나: 날씨가 좋아요.
가: 베트남은 날씨가 어때요?

베트남	카자흐스탄	호주	?

동사 형용사 습니다/습니까?

- 날씨가 좋**습니다**.
- 내일 학교에 **갑니다**.
- 가: 비가 **옵니까**?
  나: 아니요, 비가 오지 않**습니다**.

'-습니다/습니까?'는 동사, 형용사와 결합하여 문장의 종결을 나타내며 격식적인 자리에서 주로 사용한다. 동사나 형용사 어간에 받침이 있으면 '-습니다', 'ㄹ'받침이거나 동사나 형용사 어간에 받침이 없으면 '-ㅂ니다'를 사용한다. 같은 상황에서 질문할 때는 '-습니까?'를 사용한다.

'-습니다/습니까?' is often combined with verbs and adjectives to end sentences. The words are generally used in formal situations. '-습니다' is used with verbs and adjectives which end in a consonant while '-ㅂ니다' is used with verbs and adjectives which end in a vowel or ㄹ. Use '-습니까?' when asking questions in the same situation.

'이다, 아니다'는 명사에 붙어 '-ㅂ니다'를 사용한다.(4과 참조)

예
- 저는 학생**입니다**.
- 저는 선생님이 **아닙니다**.

---

1 알맞게 쓰세요.
Fill in the blanks with the correct grammar items.

	-습니다/ㅂ니다	-습니까/ㅂ니까		-습니다/ㅂ니다	-습니까/ㅂ니까
가다			읽다		
자다			앉다		
마시다			받다		
사다			먹다		
흐리다			입다		
비싸다			좋다		
따뜻하다			맑다		
살다			맛있다		
의자			학생		

2 〈보기〉와 같이 대화를 완성해 보세요.
Create sentences as the example indicates.

〈보기〉

가: 요즘은 무엇을 자주 합니까? (축구)
나: 축구를 자주 합니다.

1) 가: 어디에 자주 갑니까? (도서관)

나: <u>도서관에 자주 갑니다</u> .

2) 가: 무엇을 마십니까? (커피)

나: .

3) 가: 어디에 갑니까? (식당)

나: .

4) 가: 무엇을 먹습니까? (비빔밥)

나: .

3 다음 대화를 완성해 보세요.
Complete the following conversations.

- 이름: 이중기
- 직업: 군인

1) 가: 안녕하세요?

나: 안녕하십니까?

저는 .

2) 가: 직업은 뭐예요?

나: .

3) 가: 화요일은 날씨가 어떻습니까?

나: .

4) 가: 금요일은 날씨가 어떻습니까?

나: .

4 다음 그림을 보고 알맞게 써 보세요.
Write sentences after looking at the pictures.

1)

- 이름: 히엔
- 국적: 베트남
- 직업: 경찰

안녕하십니까?
제 친구 히엔입니다.
히엔은   .
직업은 경찰입니다.
지금은 한국에서 한국어를
공부합니다.
히엔은 지금 한국 음식을
                                    .

2)

- 이름: 신디
- 국적: 말레이시아
- 직업: 가수

안녕하십니까?
제 친구   .

직업은   .
지금은 한국에서 한국어를

신디는 지금 한국어 책을
                                    .

ㅂ불규칙

- 요즘은 날씨가 정말 **더워요**.

- 이 노트북은 아주 **가벼워요**.

- 가: 한국어가 **어려워요**?
  나: 아니요, **쉬워요**.

'ㅂ불규칙'은 '덥다, 춥다, 어렵다, 가볍다, 돕다' 등의 'ㅂ'받침이 있는 동사, 형용사가 모음으로 시작되는 '-아, -어' 앞에서 '-오/우-'로 바뀌는 것을 말한다. '덥다'는 '더워, 더우면'처럼 모음과 만나면 'ㅂ'이 '-오/우-'로 바뀐다. 그러나 '입다, 잡다' 등은 'ㅂ' 받침이지만 '입어, 입으면'처럼 규칙적이다.

'ㅂ irregular' verbs are the ones such as '덥다, 춥다, 어렵다, 가볍다, 돕다' which end in 'ㅂ'. When they meet '-아/-어' that begins with a vowel, they change the stems to '-오/-우'. '덥다' changes to '더워, 더우면' if it meets a vowel, 'ㅂ' changes to '오/우'. Although '입다' and '잡다' end in 'ㅂ', they change to the regular '입어, 입으면' forms.

1 알맞게 쓰세요.
Fill in the blanks with the correct grammar items.

	-아요/어요	았어요/었어요	-(으)면	-고	-지만
덥다	더워요				
춥다					
가볍다			가벼우면		
무겁다					
어렵다				어렵고	
쉽다					
돕다	도와요				돕지만
입다			입으면		

 그림을 보고 〈보기〉와 같이 문장을 만들어 보세요.
Create sentences that correspond to the pictures and the example.

1)

2)
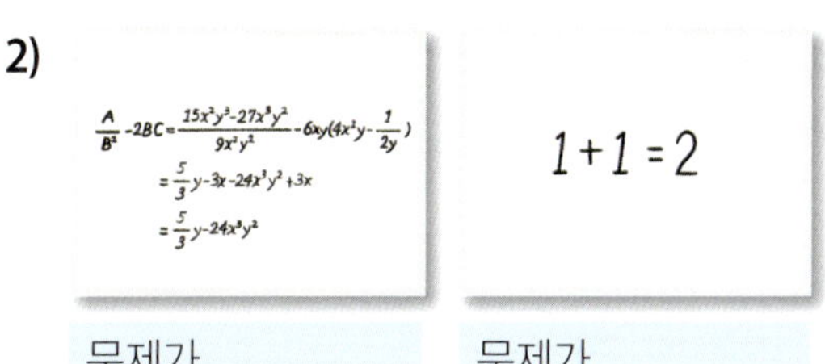

 알맞은 어휘를 골라 대화를 완성해 보세요.
Select the proper terms to complete the following conversations.

춥다   어렵다   쉽다   덥다

1)

2)

3)

4)

 다음 어휘를 이용해서 문장을 만들어 보세요.
Create sentences using the words below.

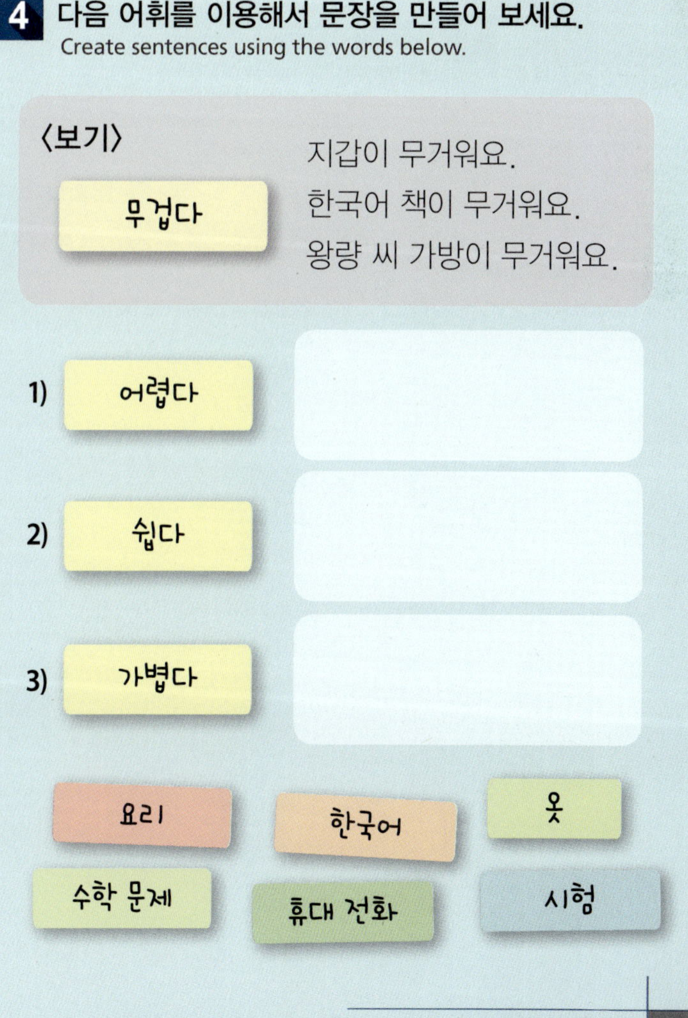

형용사 아지다/어지다/여지다

- 날씨가 더**워졌어요**.

- 휴대 전화가 없**어졌어요**.

- 가: 방 값이 비싸요?

  나: 네, 방 값이 더 비**싸졌어요**.

'–아지다/어지다/여지다'는 형용사와 결합하여 그렇게 되어 감을 나타낸다. 형용사 어간 끝음절 모음이 'ㅏ, ㅗ'인 경우 '–아지다', 그 외는 '–어지다', '하다'는 '해지다'가 된다.

'-아지다/어지다/여지다' is combined with adjectives to indicate how one feels about something or to indicate that a point makes sense. If the adjective stem is 'ㅏ', or 'ㅗ', use '-아지다', attach '-어지다' for any other endings, and use '해지다' for adjectives with the '하다' stem.

'–아지다/어지다/여지다'는 시간의 흐름에 따라 변화됨을 나타내는 '점점'과 자주 결합한다.

예
- 날씨가 **점점** 추워져요.

---

1 알맞게 쓰세요.
Fill in the blanks with the correct grammar items.

	–아지다/어지다/여지다		–아지다/어지다/여지다
좋다	좋아졌어요	예쁘다	예뻐졌어요
높다		비싸다	
춥다		싸다	
덥다		따뜻하다	
많다		시원하다	
없다		크다	
똑똑하다		바쁘다	

2 다음 그림을 보고 〈보기〉와 같이 대화를 완성해 보세요.
Look at the pictures below and follow the example to complete the conversations.

〈보기〉

가: 날씨가 어때요?

나: 더워졌어요.

1) 가: 요즘은 친구가 많아요?

나: 네, 외국 친구가 　　　　　.

2) 가: 지금 한국은 날씨가 어때요?

나: 　　　　　.

3) 가: 과일 가격이 어때요?

나: 　　　　　.

4) 가: 길이 복잡해요?

나: 네, 　　　　　.

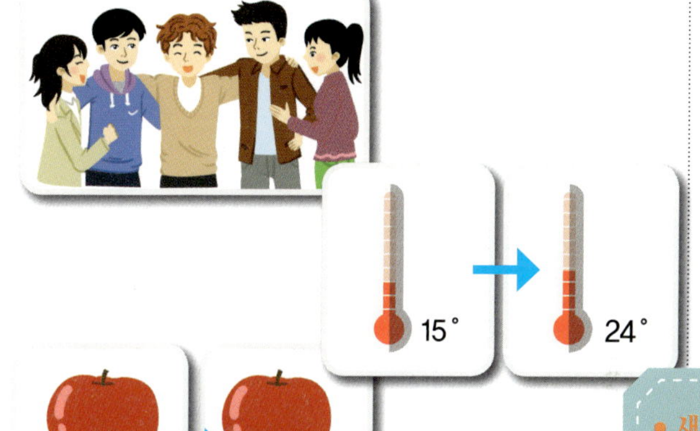

● 새로 나온 표현 ●

복잡하다

3 뭐가 달라졌어요? 찾아보세요.
What is different? Find the differences between the pictures below.

1) 새가 많아졌어요.　2) ＿＿＿＿＿＿＿＿　3) ＿＿＿＿＿＿＿＿　4) ＿＿＿＿＿＿＿＿

동사 형용사 겠-

- 봄에는 여기에 꽃이 많이 피**겠**어요.

- 이 옷은 친구가 입으면 예쁘**겠**어요.

- 가: 내일 날씨는 어떻습니까?
  나: 내일부터는 서울에 눈이 오**겠**습니다.

'-겠-'은 동사, 형용사와 결합하여 미래의 일어날 일이나 추측을 나타낼 때 사용한다. '-겠-'은 날씨를 나타내는 뉴스에서 '내일은 덥겠습니다. 내일부터 비가 오겠습니다.'처럼 격식적인 말하기에서 '-습니다'와 함께 주로 사용한다.

'-겠' is attached to verbs and adjectives to guess or talk about the future. For example, like in common forecasts on the weather reports, "Tomorrow will be hot', and "It will rain from tomorrow", the term is mainly used in formal speaking in combination with '-습니다'.

1 다음 대화를 완성해 보세요.
Complete the following conversations

1) 가: 내일 파티가 있어요.

나: 와, ___________. (재미있다)

2) 가: 바람이 많이 불어요.

나: ___________. (시원하다)

3) 가: 친구 생일 선물을 샀어요.

나. 친구가 ___________. (좋아하다)

4) 가: 요즘 매일 10시까지 일해요.

나: ___________. (힘들다)

5) 가: 내일 여행 가요.

나: ___________. (좋다)

6) 가: 날씨가 흐려요.

나: ___________. (비가 오다)

2 알맞은 어휘를 골라 문장을 완성해 보세요.
Select the proper terms to complete the exercise.

| 재미있다 | 맵다 | 어렵다 | 무겁다 |

1) 떡볶이가 ____________.

2) 영화가 ____________.

3) 가방이 ____________.

4) 문제가 ____________.

3 기자가 되어 내일 한국 날씨를 말해 보세요.
Pretend you are a reporter and forecast Korea's weather for tomorrow.

1) 서울은 내일 비가 오겠습니다.

2)

3)

4)

5)

6)

1 다음 그림과 알맞은 어휘를 연결해 보세요.
Match each picture with the word which best describes it.

1)

2)

3)

4)

5)

6)

맑아요

흐려요

추워요

더워요

눈이 와요

비가 와요

2 알맞은 어휘를 골라 문장을 완성해 보세요.
Select the correct vocabulary to complete the sentences.

| 봄 | 여름 | 가을 | 겨울 | 건기 | 우기 |

1) 한국은 보통 3월부터 5월까지 ___________이에요/예요. ___________에는 꽃이 피어요.
그래서 예뻐요.

2) 저는 ___________을/를 좋아해요. 눈이 오면 스키장에 길 거예요. 그래서 ___________이/가
빨리 오면 좋겠어요.

3) ___________에는 단풍이 있어요. 저는 ___________에 산에 갈 거예요.

4) 베트남은 ___________와/과 ___________이/가 있어요. ___________에는 비가 오고 더워요.
___________에는 비가 오지 않고 날씨가 좋아요.

5) ___________이/가 오면 바다에 가고 싶어요. 제주도 바다에서 수영을 하고 싶어요.

● 새로 나온 표현 ●

빨리

3 다음 대화를 '–습니다/습니까?'로 바꾸어 보세요.
Complete the following conversation below by writing in 습니다 or 습니까? as necessary.

왕량: 오늘 뭐 할 거예요?

유미: 날씨가 추워요. 그래서 집에 있을 거예요.
　　　 이런 날씨 좋아해요?

왕량: 네, 그래서 저는 겨울을 좋아해요.
　　　 이런 날에 밖에 나가면 기분이 좋아요.

유미: 그래요? 저는 이런 날을 안 좋아해요.
　　　 그래서 요즘에는 보통 집에 있어요.

왕량: 집에 있으면 심심하지 않아요?

유미: 심심하지 않아요. 재미있어요.

군인 1: 오늘 뭐 할 겁니까?

군인 2: 날씨가 ____________. 그래서 집에 있을
　　　　 ____________. 이런 날씨 ____________?

군인 1: 네, 그래서 저는 겨울을 ____________.
　　　　 이런 날에 밖에 나가면
　　　　 기분이 ____________.

군인 2: 그렇습니까? 저는 이런 날을 안 ____________.
　　　　 그래서 요즘에는 보통 집에 ____________.

군인 1: 집에 있으면 심심하지 ____________?

군인 2: 심심하지 ____________. ____________.

4 다음 대화를 알맞게 완성해 보세요.
Select the appropriate grammar item to complete the following conversations.

1) 가: 어제 휴대 전화를 샀어요. 아주 ____________. (가볍다)

　　나: 그래요? 제 휴대 전화는 조금 ____________. (무겁다)

2) 가: 요즘 한국 날씨는 어때요?

　　나: 많이 ____________. (춥다/–아지다/어지다/여지다)

3) 가: 와, 식당에 사람이 많아요.

　　나: 네. 11시에는 사람이 없었어요.
　　　　그런데 12시부터 사람이 ____________. (많다/–아지다/어지다/여지다)

4) 내일 날씨입니다. 내일 서울은 ____________. (맑다/–겠–)

　　그러나 부산은 ____________ (비가 오다./–겠–)

10 여행

어휘 Vocabulary

여행 관련 어휘 Vocabulary related to travel

문법 Grammar

동사 아/어/여 보다(1), 동사 아/어/여 보다(2),
동사 형용사 아서/어서/여서,
동사 거나

1 아는 어휘에 ✔ 해 보세요.
Identify the words you know.

☐ 예약해요	☐ 유명해요	☐ 숙소를 정해요
☐ 추천해요	☐ 계획해요	☐ 짐을 풀어요
☐ 출발해요	☐ 길을 물어요	☐ 짐을 싸요
☐ 도착해요	☐ 구경해요	☐ 기념품을 사요

2 잘 듣고 알맞게 쓰세요. 🎧39
Listen and write correct answers.

① 계획해요 ➡ ② ➡ ③ ➡ ④

⑤ ➡ ⑥ ➡ ⑦ 구경해요 ➡ ⑧

3 친구와 여행을 준비하는 순서에 대해 이야기해 보세요.
Discuss the steps you take as you prepare to travel with classmates.

2 ➡ [ ] ➡ [ ] ➡ [ ]

[ ] ➡ [ ]

4 여러분 고향은 무엇이 유명해요? 무슨 음식이 맛있어요? 친구와 이야기해 보세요.
What is your hometown famous for? What is the famous food there? Talk about them with your classmates.

〈보기〉
가: 베트남은 무엇이 유명해요?
나: 하롱베이가 유명해요.
가: 무슨 음식이 맛있어요?
나: 쌀국수가 맛있어요.

질문	나	친구 1	친구 2
1) 여러분 고향은 무엇이 유명해요?			
2) 무슨 음식이 맛있어요?			

동사 -아/어/여 보다(1)

- 한국어를 배워 **보세요**. 재미있어요.

- 부산에 가면 해산물을 먹어 **보세요**.

- 가: 한국에서 어디에 가면 좋아요?

  나: 제주도에 **가 보세요**. 아주 예뻐요.

'-아/어/여 보다'는 동사에 붙어 어떤 행위를 시도하거나, 해 보라고 권유, 조언하는 말을 할 때 주로 사용한다. 동사의 어간 끝음절이 'ㅏ, ㅗ'로 끝나면 '-아 보다'가 되고, 그 외에는 '-어 보다', '하다'로 끝날 경우 '해 보다'가 된다.

'-아/어/여 보다' is attached to a verb to tell someone to try some action, to offer advice, or recommend a course of action. If the verb stem ends in ㅏ or ㅗ, use the '-아보다' form, if the verb stem is '하다', attach the '-여보다' form, and if the other endings 'ㅓ, ㅜ, ㅡ', or 'ㅣ' appear, use '어보다'.

'-아/어/여 보다'는 '한번 -아/어/여 보다'의 형태로 주로 사용한다.

예
- 한번 먹어 보세요.
- 한번 입어 보세요.

---

1 **알맞게 쓰세요.**
Fill in the blanks with the correct grammar items.

	-아/어/여 보다		-아/어/여 보다		-아/어/여 보다
가다	가 보세요	먹다	먹어 보세요	공부하다	공부해 보세요
오다		마시다		운동하다	
찾다		배우다		요리하다	
앉다		읽다		청소하다	
사다		쓰다		여행하다	
놀다		가르치다		산책하다	

2 다음에서 골라 대화를 완성해 보세요.
Choose the appropriate vocabulary to complete the conversations.

배우다   먹다   가다   입다   앉다

1) 가: 치마 어때요?

   나: 예뻐요. 한번 **입어 보세요** .

2) 가: 한국어 공부가 어려워요?

   나: 아니요, 어렵지 않아요.   .

3) 가: 삼계탕은 맛이 어때요?

   나: 맛있어요. 한번   .

4) 가: 의자가 어때요?

   나: 아주 편해요.   .

5) 가: N 서울 타워는 어때요?

   나: 좋아요. 한번   .

3 다음 친구의 고민을 듣고 조언을 해 보세요.
Listen to your classmates' concerns and offer them advice based on the example.

동사 아/어/여 보다(2)

- 한복을 입**어 봤어요.**

- 명동에 **가 봤어요.**

- 가: 한국에서 무엇을 **해 봤어요?**
  나: 잡채를 먹**어 봤어요.**

'–아/어/여 보다'는 동사와 결합하여 어떤 행위를 해 봤다는 경험을 나타낸다. 동사의 어간 끝 음절이 'ㅏ, ㅗ'로 끝나면 '–아 보다'가 되고, 그 외에는 '–어 보다', '하다'는 '해 보다'가 된다. 경험을 나타내므로 과거형으로 사용한다.

The '–아/어/여 보다' combined with a verb indicates an action one has accomplished or an experience one has undergone. If the final character of the verb is ㅏ or ㅗ, use the '–아 보다' form. Write '–여 보다' if the verb stem is '하다', and use '–어 보다' for all other forms such as 'ㅓ, ㅜ, ㅡ,' or 'ㅣ'. The past time formats of '았어요/ 었어요/였어요' are also combined because the grammatical format is used to represent experience.

1 알맞게 쓰세요.
Fill in the blanks with the correct grammar items.

	–아/어/여 보다		–아/어/여 보다		–아/어/여 보다
가다	가 봤어요	먹다	먹어 봤어요	공부하다	공부해 봤어요
오다		마시다		구경하다	
찾다		기다리다		사용하다	
사다		가르치다		요리하다	
앉다		배우다		청소하다	
놀다		읽다		여행하다	
만나다		입다		산책하다	

2 〈보기〉와 같이 대화를 완성해 보세요.
Create sentences as the example indicates.

〈보기〉
가: 경복궁에 가 봤어요?
나: 네, 가 봤어요. / 아니요, 안 가 봤어요.

1) 가: 삼계탕을 먹어 봤어요?

   나: ____________ . / ____________ .

2) 가: 노래방에 가 봤어요?

   나: ____________ . / ____________ .

3) 가: 한국 친구를 만나 봤어요?

   나: ____________ . / ____________ .

4) 가: 찜질방에 가 봤어요?

   나: ____________ . / ____________ .

3 여러분은 무엇을 해 봤어요? 〈보기〉와 같이 친구와 이야기해 보세요.
What experiences have you had? Follow the example to talk about them.

〈보기〉
가: 한국에서 뭘 해 봤어요?
나: 저는 N 서울 타워에 가 봤어요.

한복을 입어 보다   떡볶이를 먹어 보다   축제에 가 보다   ?

제주도에 가 보다   찜질방에 가 보다   롯데월드에 가 보다

동사 형용사 **아서/어서/여서**

- 비가 **와서** 우산을 샀어요.

- 김치가 너무 매**워서** 못 먹었어요.

- 가: 왜 학교에 안 왔어요?
  나: 아**파서** 못 왔어요.

'–아서/어서/여서'는 동사, 형용사에 붙어 앞의 내용이 뒤의 내용의 이유나 원인이 됨을 나타낸다. 어떤 상태가 왜 그런지, 어떤 일이 왜 일어났는지에 대해 말할 때 사용한다. 동사, 형용사의 어간 끝음절이 'ㅏ, ㅗ'로 끝나면 '–아서'가 되고, 그 외에는 '–어서', '하다'는 '해서'가 된다.

'–아서/어서/여서' is used with verbs and adjectives and in connection with to clarify that the preceding content indicates the cause of the following state. This is used to talk about what a certain condition or state is, and explain the reason behind a certain action. If the verb stem ends in 'ㅏ' or 'ㅗ', use '아서', use '여서' for the '하다' stem, and attach '어서' for all other endings.

1 알맞게 쓰세요.
Fill in the blanks with the correct grammar items.

	-아요/어요/여요	-아서/어서/여서		-아요/어요/여요	-아서/어서/여서		-아요/어요/여요	-아서/어서/여서
많다	많아요	많아서	가다	가요	가서	공부하다	공부해요	공부해서
좋다			앉다			운동하다		
작다			자다			시원하다		
비싸다			만나다			사랑하다		
크다	커요	커서	먹다	먹어요	먹어서	좋아하다		
예쁘다			배우다			여행하다		
적다			쓰다			복잡하다		
맛있다			마시다			깨끗하다		
재미있다			기다리다			따뜻하다		

2 알맞게 연결하고 문장을 써 보세요.
Complete the sentences after properly connecting the phrases.

1) 시간이 없다	배가 아파요
2) 길이 막히다	친구를 못 만나요
3) 시험이 있다	집에서 쉴 거예요
4) 밥을 많이 먹다	학교에 늦었어요
5) 피곤하다	도서관에서 공부해요
6) 너무 비싸다	안 샀어요

1) 시간이 없어서 친구를 못 만나요 .
2) ______ .
3) ______ .
4) ______ .
5) ______ .
6) ______ .

3 다음 상황을 보고 이유를 이야기해 보세요.
Consider the following situations and identify the possible reasons.

1) 왜 행복해요?

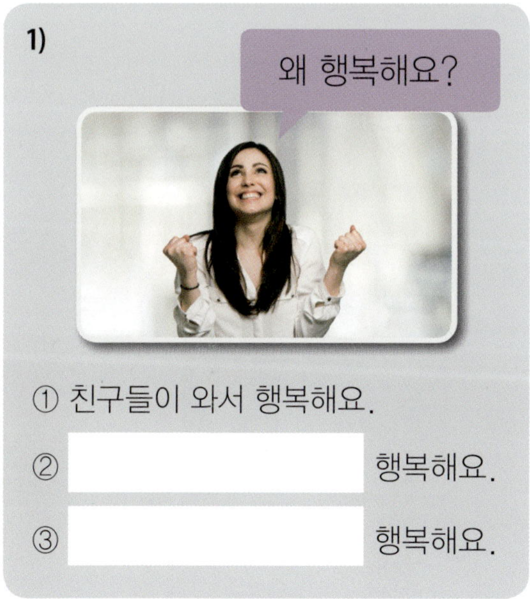

① 친구들이 와서 행복해요.
② ______ 행복해요.
③ ______ 행복해요.

2) 왜 피곤해요?

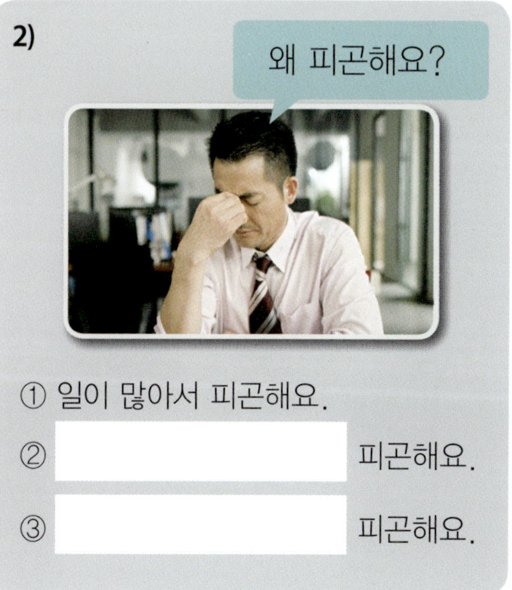

① 일이 많아서 피곤해요.
② ______ 피곤해요.
③ ______ 피곤해요.

동사 거나

- 휴일에는 여행을 가**거나** 운동을 해요.

- 수업이 끝나면 집에 가**거나** 도서관에서 공부해요.

- 가: 주말에 보통 뭐 해요?
  나: 집에서 책을 읽**거나** 영화를 봐요.

'-거나'는 동사와 결합하여 선택을 나타내는 연결 어미로 둘 이상의 행위나 사실 중 하나를 선택함을 나타낸다.

A verb is conjugated with '-거나' to indicate a connection between a choice of more than one act or fact.

명사 (이)나
명사는 받침이 있으면 '이나' 받침이 없으면 '나'가 된다.
예
- 빵 + 이나 → 빵이나
- 우유 + 나 → 우유나

---

1 〈보기〉와 같이 대화를 완성해 보세요.
Create sentences as the example indicates.

아침에 뭘 먹어요?

주말에 뭘 해요?

〈보기〉

우유를 마시다

빵을 먹다

1)

영화를 보다

친구를 만나다

아침에 우유를 마시거나 빵을 먹어요.

주말에 ______________ .

시간이 있으면 뭘 해요?

친구를 만나면 뭘 해요?

2)

운동하다

드라마를 보다

3)

밥을 먹다

커피를 마시다

시간이 있으면 ______________

친구를 만나면 ______________

2 〈보기〉와 같이 대화를 완성해 보세요.
Create sentences as the example indicates.

〈보기〉　가: 주말에 보통 뭘 해요?
　　　　나: 집에서 쉬거나 친구를 만나요 . (집에서 쉬다/친구를 만나다)

1) 가: 친구를 만나면 보통 뭘 해요?

나: ＿＿＿＿＿＿＿＿＿＿＿＿＿＿ . (쇼핑을 하다/영화를 보다)

2) 가: 수업이 끝나면 보통 뭘 해요?

나: ＿＿＿＿＿＿＿＿＿＿＿＿＿＿ . (도서관에 가다/카페에서 커피를 마시다)

3) 가: 1년 후에 뭐 할 거예요?

나: ＿＿＿＿＿＿＿＿＿＿＿＿＿＿ . (대학교에 입학하다/취직하다)

4) 가: 학교에 무엇을 타고 와요?

나: ＿＿＿＿＿＿＿＿＿＿＿＿＿＿ . (지하철/버스)

3 〈보기〉와 같이 친구와 이야기해 보세요.
Talk with your classmates.

1 그림을 보고 알맞은 어휘를 써 보세요.
Look at the pictures and select proper vocabulary.

예약해요   길을 물어요   도착해요   짐을 싸요   계획해요   출발해요

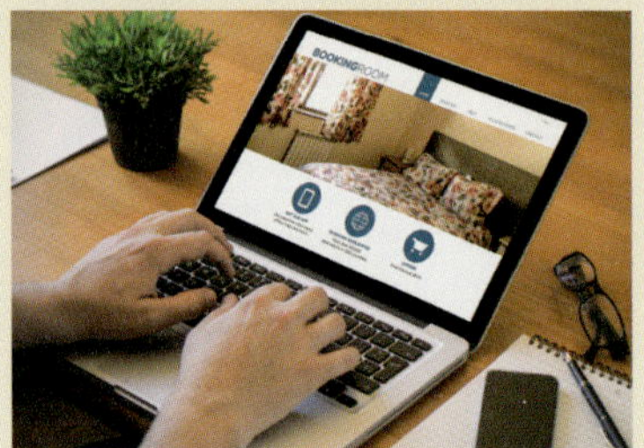

예약해요

2 다음에서 골라 대화를 완성해 보세요.
Select the appropriate answers.

유명해요   추천하고 싶어요   짐을 풀고 싶어요   기념품을 사요

1) 가: 히엔 씨, 어제 전주에서 뭐 먹었어요?

　　나: 비빔밥을 먹었어요. 전주는 비빔밥이 　　　　　　　　　.

2) 가: 성민 씨, 바다를 보고 싶어요. 어디가 좋아요?

　　나: 저는 부산 해운대 바다를 　　　　　　　　　.

3) 가: 아오이 씨는 지금 뭐 하고 싶어요?

　　나: 숙소에서 　　　　　　　　　.

4) 가: 뚜언 씨는 여행 가면 보통 뭘 해요?

　　나: 사진을 찍고, 시장에서 　　　　　　　　　.

3 대화를 완성해 보세요.
Complete the following conversations.

1) 가: 기분이 안 좋으면 보통 뭘 해요?

　　나: ____. (음악을 듣다/영화를 보다)

2) 가: 부산에서 뭐 할 거예요?

　　나: ____. (바다에서 수영하다/해산물을 먹다)

3) 가: 방학에 뭘 하고 싶어요?

　　나: ____. (여행을 가다/아르바이트를 하다)

4) 가: 아오이 씨, 생일에 무슨 선물을 받고 싶어요?

　　나: ____. (옷/가방)

4 알맞은 문법 항목을 골라 대화를 완성해 보세요.
Select the correct grammatical terms to complete the conversations.

−아/어/여 보다	−아서/어서/여서

1) 가: 어제 왜 학교에 안 왔어요?

　　나: ________________________________.

2) 가: 한복을 ________________________?

　　나: 네, ________________. /아니요, ________________.

3) 가: 뚜언 씨, 무슨 일 있어요?

　　나: ________________________ 기분이 좋아요.

4) 가: 떡볶이가 매워요?

　　나: 아니요, 맵지 않아요. 한번 ________________.

5) 가: 왜 겨울을 좋아해요?

　　나: ________________________.

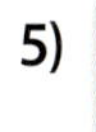

11

가족

![Vocabulary icon] **어휘** Vocabulary

가족 관련 어휘 Vocabulary related to family

![Grammar icon] **문법** Grammar

명사의 , 이/그/저 명사,
동사 형용사(으)시-, 명사께서

1 아는 어휘에 ✔ 해 보세요.
Identify the words you know.

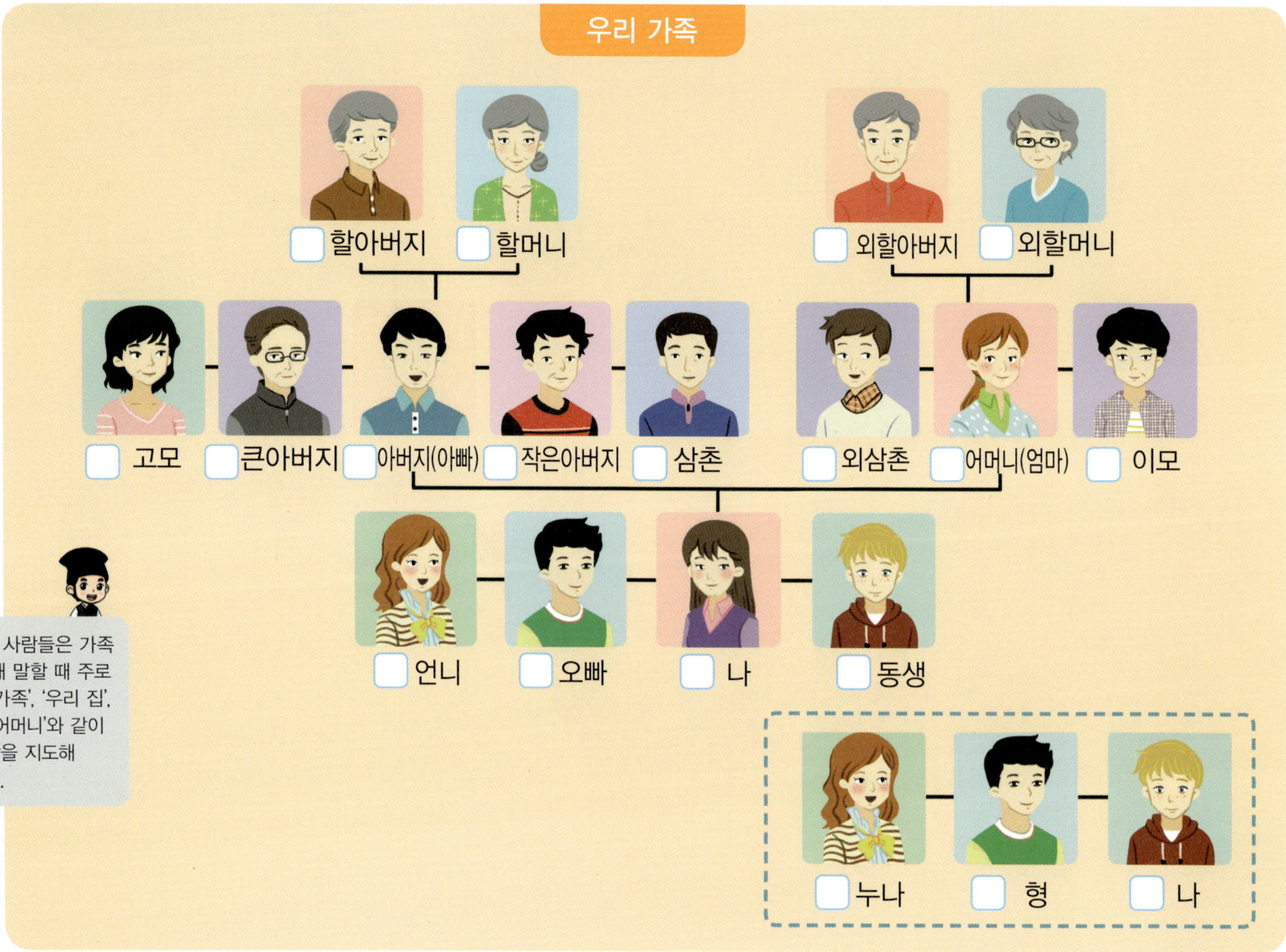

우리 가족

☐ 할아버지 ☐ 할머니   ☐ 외할아버지 ☐ 외할머니

☐ 고모 ☐ 큰아버지 ☐ 아버지(아빠) ☐ 작은아버지 ☐ 삼촌 ☐ 외삼촌 ☐ 어머니(엄마) ☐ 이모

☐ 언니 ☐ 오빠 ☐ 나 ☐ 동생

☐ 누나 ☐ 형 ☐ 나

> 한국 사람들은 가족에 대해 말할 때 주로 '우리 가족', '우리 집', '우리 어머니'와 같이 사용함을 지도해 주세요.

2 다음 그림을 보고 알맞은 어휘를 연결하세요.
Connect the following pictures to the appropriate vocabulary.

남편 •   • 아내

아들 •   • 딸

3 잘 듣고 알맞게 쓰세요. 🎧 40
Listen carefully and write the correct answers.

1) ＿＿＿＿＿＿ 하고 ＿＿＿＿＿＿ 이 있어요.

2) ＿＿＿＿＿＿ 가 보고 싶어요.

3) 저는 ＿＿＿＿＿＿ 를 가장 좋아해요.

4) ＿＿＿＿＿＿ 이 한 명 있어요.

5) ＿＿＿＿＿＿ 는 없어요.

6) ＿＿＿＿＿＿ 이 왔어요.

4 여러분의 가족을 그려 보고 누구인지 써 보세요. 그리고 친구들에게 소개해 보세요.
Draw your family members and write who each person is. Introduce your family to your classmates.

〈보기〉　저는 아버지, 어머니, 동생이 있어요. 형하고 누나는 없어요.

명사 의

- 동생**의** 이름은 지나예요.

- 한국**의** 수도는 서울입니다.

- 가: 이것은 누구**의** 가방이에요?
  나: **제** 가방이에요.

'의'는 명사에 붙어 뒤의 명사에 대해 소유, 소속, 관계의 의미를 나타낼 때 사용한다. '저', '나', '너'에 '의'가 붙으면 '저의', '나의', '너의'를 줄여서 '제', '내', '네'로도 쓴다.

Attaching '의' to a noun is used to refer to the meaning of an item belonging to someone. If you attach '의' after '저', '나', '너', it becomes '저의', '나의', and '너의', and contracted forms are '제', '내' and '네'.

말할 때에는 '의'를 종종 생략하기도 한다.
예
- 한국(의) 수도

---

1 ⟨보기⟩와 같이 완성해 보세요.
Complete the exercise using the example as a guideline.

> ⟨보기⟩ 아버지, 자전거 → 아버지의 자전거

1) 형, 나이 →

2) 나, 이름 →

3) 왕량, 부모님 →

4) 아버지, 차 →

5) 선생님, 안경 →

6) 한국, 음식 →

7) 제임스, 키 →

8) 신발, 가격 →

2 잘 듣고 누구의 물건인지 연결하세요. 그리고 문장을 쓰세요. 🎧 41
Listen carefully and write sentences about the people's belonging.

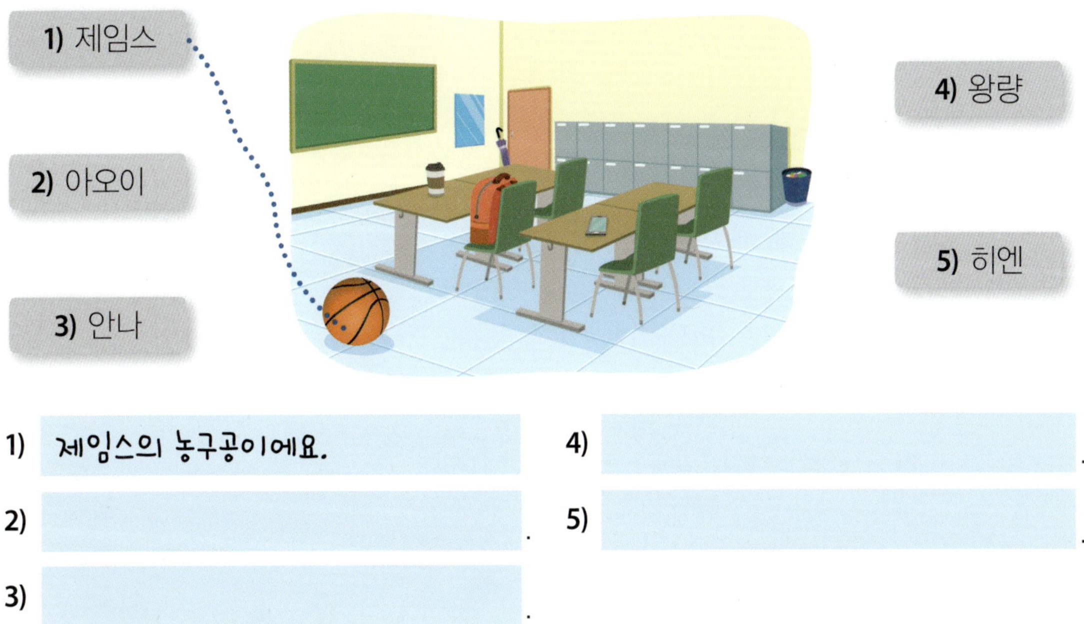

1) 제임스

2) 아오이

3) 안나

4) 왕량

5) 히엔

1) 제임스의 농구공이에요.

2)

3)

4)

5)

3 친구와 이야기해 보세요.
Discuss with your classmates.

● 새로 나온 표현 ●
도시

1) 여러 나라의 도시를 써 보세요. 그리고 친구에게 질문하세요.
   Consider cities in many countries. Ask your classmates about what countries the cities are located in.

〈보기〉　가: 런던은 어느 나라의 도시예요?
　　　　나: 영국의 도시예요.
　　　　가: 맞아요.

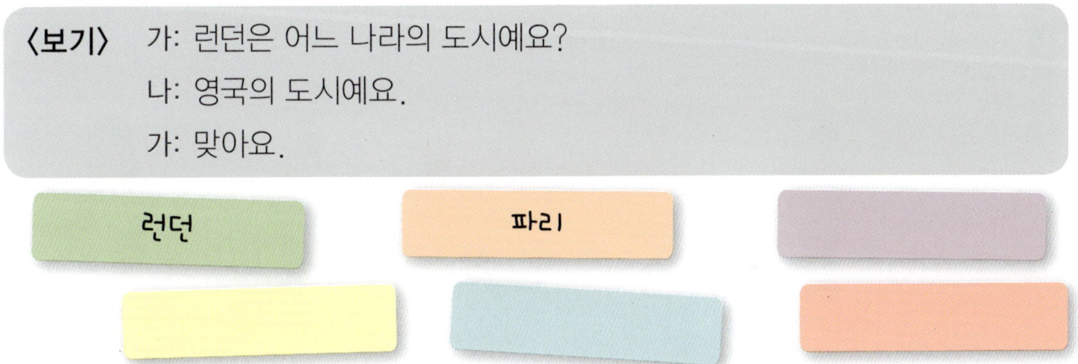

2) 선생님의 책상 위에 물건을 올려놓으세요. 누구의 물건이에요? 이야기해 보세요.
   Place an item on the teacher's desk. Whose is it? Talk with your classmates about the people's belonging.

이/그/저 명사

- **이** 버스를 타세요.

- **그** 사과가 맛있어요.

- 가: **저** 사람은 누구예요?
  나: 빙빙 씨예요. 제 친구예요.

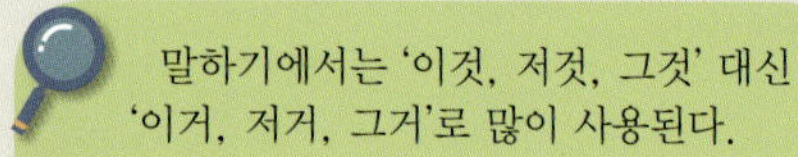

'이/그/저'는 명사 앞에 쓰여 사람이나 사물을 가리키는 의미로 사용한다. 말하는 사람에게 가까운 것을 가리킬 때는 '이', 멀리 있는 것을 가리킬 때는 '저', 말하는 사람에게는 멀지만 듣는 사람에게 가까운 것을 가리킬 때는 '그'를 사용한다.

'이/그/저' are added to a noun to refer to a particular person, place, or thing. Use '이' when referring to a person, place, or item close to the speaker, use '저' when you point to something far away, and use '그' when the item, place, or person is close to the listener rather than the person who is speaking.

• 이+학교 → 이 학교

• 그+책 → 그 책

• 저+식당 → 저 식당

---

1 그림을 보고 알맞은 말을 쓰세요.
Look at the pictures and write in the correct answers.

1)

[이] 책

2)

[   ] 사람

3)

[   ] 케이크

4)

[   ] 노트북

5)

[   ] 의자

6)

[   ] 우산

2 알맞은 문장을 골라 번호를 써 보세요.
Select the matching questions for each of the following pictures.

① 이 사람은 누구예요?　② 그 책은 재미있어요?　③ 저 신발은 어때요?
④ 저 식당으로 갈까요?　⑤ 이 가방은 얼마예요?　⑥ 이 커피는 누구 커피예요?

1)

2)

3)

4)

5)

6)

3 교실에 있는 물건을 가지고 〈보기〉와 같이 친구와 이야기해 보세요.
Talk to your classmates about the items in the classroom based on the example.

〈보기〉　가: 이 필통을 어디에서 샀어요?
　　　　나: 이 필통은 중국에서 샀어요.

이	그	저
이거	그거	저거

누구 거예요?

어디에서 샀어요?

뭐예요?

동사 형용사 (으)시-

- 아버지는 신문을 읽**으십니다.**

- 어머니는 영어를 가르**치십니다.**

- 가: 할아버지는 지금 뭐 하**세요**?
  나: 방에서 텔레비전을 보**세요**.

'-(으)시-'는 동사, 형용사와 결합하여 말하는 사람이 문장의 주어를 높이고자 할 때 사용한다. 동사, 형용사 어간에 받침이 있으면 '-으시-', 받침이 없으면 '-시-'가 된다.

'-(으)시-' is attached to verbs and adjectives plus '이다' when the speaker wants to emphasize the subject of the sentence in the honorific form. If the stem of the verbs and adjectives used contains a final consonant, use '-으시-', and simply write '-시-' if no final consonant is present.

명사에는 '명사 이시-'를 쓰는데 받침이 없을 때는 '명사 시-'를 쓸 수도 있다.

예)
- 회사원 → 회사원이시다
- 의사 → 의사이시다/의사시다

---

1 알맞게 쓰세요.
Fill in the blanks with the correct grammar items.

	-(으)십니다	-(으)세요	-(으)셨어요
보다	보십니다	보세요	보셨어요
가다			
받다			
바쁘다			
많다			

	-(이)십니다	-(이)세요	-(이)셨어요
의사	의사십니다	의사세요	의사셨어요
배우			
회사원			

2 무엇을 하십니까? 써 보세요.
What are they doing? Write a description.

1) 

운동을 하십니다.

2) 

.

3) 

.

4) 

.

5) 

.

6) 

.

3 〈보기〉와 같이 대화를 완성해 보세요.
Create sentences as the example indicates.

> 〈보기〉　가: 어머니는 지금 뭐 하세요?
>
> 　　　　나: 드라마를 보세요.

1) 가: 선생님은 몇 시에 학교에 오세요?

　나: ____________________________. (8시에 오다)

2) 가: 어머니는 어디에 가셨어요?

　나: ____________________________. (도서관에 가다)

3) 가: 아버지는 무슨 일을 하세요?

　나: ____________________________. (회사원이다)

4) 가: 할아버지는 ____________________? (나이가 어떻게 되다)

　나: 여든 세 살이세요.

5) 가: 할머니는 잘 계세요?

　나: 아니요, 요즘 조금 ____________________. (아프다)

명사 께서

- 할머니**께서** 연세가 많으십니다.

- 선생님**께서** 아주 재미있으십니다.

- 가: 아버지**께서** 운동을 좋아하세요?

  나: 네, 아주 좋아하세요.

'께서'는 명사와 결합하여 문장의 주어를 높일 때 사용한다. 조사 '이/가'의 높임말로 서술어에는 '-(으)시-'를 넣거나 '주무시다, 계시다, 드시다' 등의 높임 표현을 쓴다. '께서'에 '은/는'을 붙여 '께서는'으로 쓰기도 한다.

'-께서' is combined with a noun to place the subject of the sentence in the honorific form. It is the honorific form of the basic form markers '이/가', so '-(으)시-'can be used in this sentence, and honorific verbs like '주무시다, 계시다, and 드시다' can be used. Sometimes '께서' can be followed by '은/는' so you can write '께서는'.

---

1 〈보기〉와 같이 문장을 바꿔 보세요.
Rewrite the sentences as the example indicates.

> 〈보기〉   친구가 회사에 갑니다. → 아버지께서 회사에 가십니다.

1) 동생이 한국에 옵니다.   ➡ 어머니 __________________ .

2) 형은 영화를 좋아해요.   ➡ 선생님 __________________ .

3) 친구가 커피를 마셔요.   ➡ 할아버지 __________________ .

4) 언니는 음악을 들어요.   ➡ 할머니 __________________ .

2 〈보기〉와 같이 대화를 완성해 보세요.
Create sentences as the example indicates.

〈보기〉
가: 누가 회사에 다녀요?
나: 아버지께서 회사에 다니세요.

1) 가: 누가 주무세요?
나: ____________________________ .

2) 가: ____________________________ ?
나: 일흔 다섯 살이세요.

3) 가: 누가 음식을 만들었어요?
나: ____________________________ .

4) 가: 누가 여행을 갔어요?
나: ____________________________ .

3 그림을 보고 〈보기〉와 같이 알맞게 문장을 써 보세요.
Use the example as a guideline to write sentences about the pictures.

〈보기〉 할아버지께서 책을 읽으십니다.

1) ____________________________ .

2) ____________________________ .

3) ____________________________ .

4) ____________________________ .

1 다음 빈칸에 알맞은 어휘를 써 보세요.
Write the appropriate words in the empty spaces.

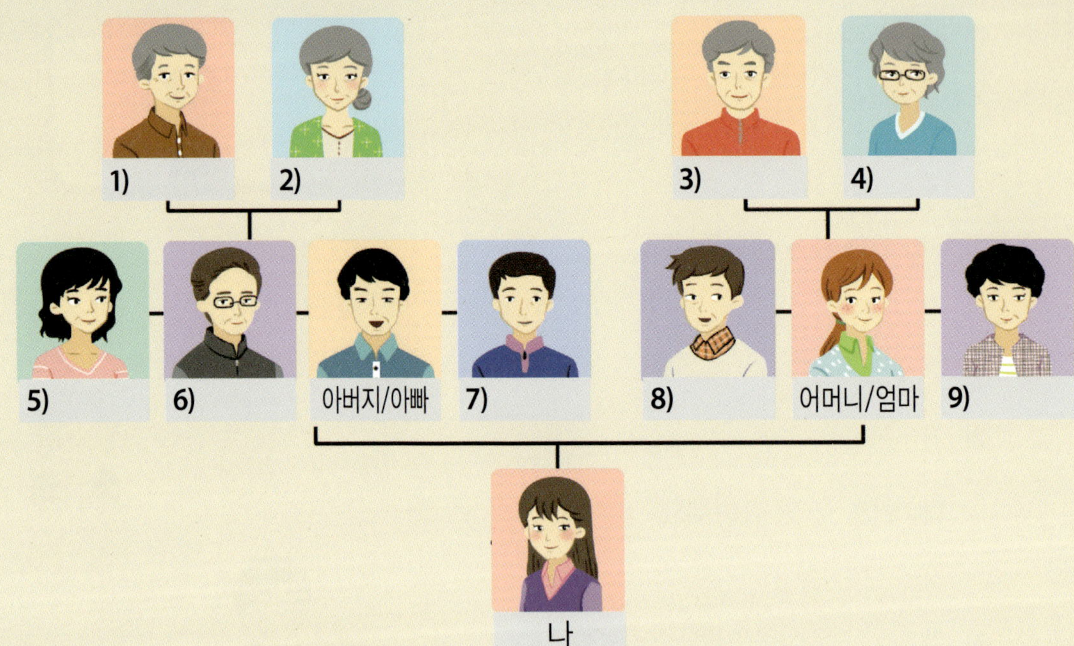

2 다음 빈칸에 알맞은 어휘를 써 보세요.
Write the appropriate words in the empty spaces.

3 알맞은 것을 골라 보세요
Select the correct answers.

1) 아버지께서 (이야기했어요/말씀하셨어요).

2) 할머니 (이름이/성함이) 어떻게 되세요?

3) 이모는 지금 어디에 (있어요/계세요)?

4) 부모님 (나이가/연세가) 어떻게 되세요?

5) 선생님께서는 (댁이/집이) 어디예요?

4 〈보기〉와 같이 대화를 완성해 보세요.
Create sentences as the example indicates.

〈보기〉
가: 할아버지께서 뭐 하세요?
나: 지금 주무세요.

1) 가: 할머니께서　　　　　가 어떻게 되세요?
   나: 여든 세 살이세요.

2) 가: 주말에 어디에 갔어요?
   나: 큰아버지　　　　　에 갔어요.

3) 가: 선생님　　　　　이 뭐예요?
   나: 김진수 선생님이에요.

4) 가: 부모님도 한국에 계세요?
   나: 아니요, 미국에　　　　　.

5 〈보기〉와 같이 대화를 완성해 보세요.
Create sentences as the example indicates.

〈보기〉　가: 누구의 휴대 전화예요?
　　　　나: 왕량의 휴대 전화예요. (왕량)

1) 가: 제임스의 모자예요?
   나: 아니요,　　　　　. (히엔)

2) 가: 누구의 시계예요?
   나:　　　　　. (선생님)

3) 가:　　　　　생일이 언제예요? (아오이)
   나: 내일이에요.

4) 가: 빙빙 씨, 이건 누구의 책이에요?
   나:　　　　　. (저)

6 그림을 보고 대화를 완성해 보세요.
Look at the pictures and complete the conversation.

1) 
   가:　　　　　?
   나: 제 친구예요.

2)
   가:　　　　　?
   나: 히엔 씨 커피예요.

3) 
   가:　　　　　?
   나: 예뻐서 샀어요.

12

취미

어휘 Vocabulary

취미 관련 어휘 Vocabulary related to hobbies

문법 Grammar

동사 (으)ㄹ 수 있다/없다, 명사 도,
ㄷ 불규칙, 동사 형용사 (으)면서

1 여러분은 취미가 뭐예요? 이야기해 보세요.
What is your hobby? Discuss with your classmates.

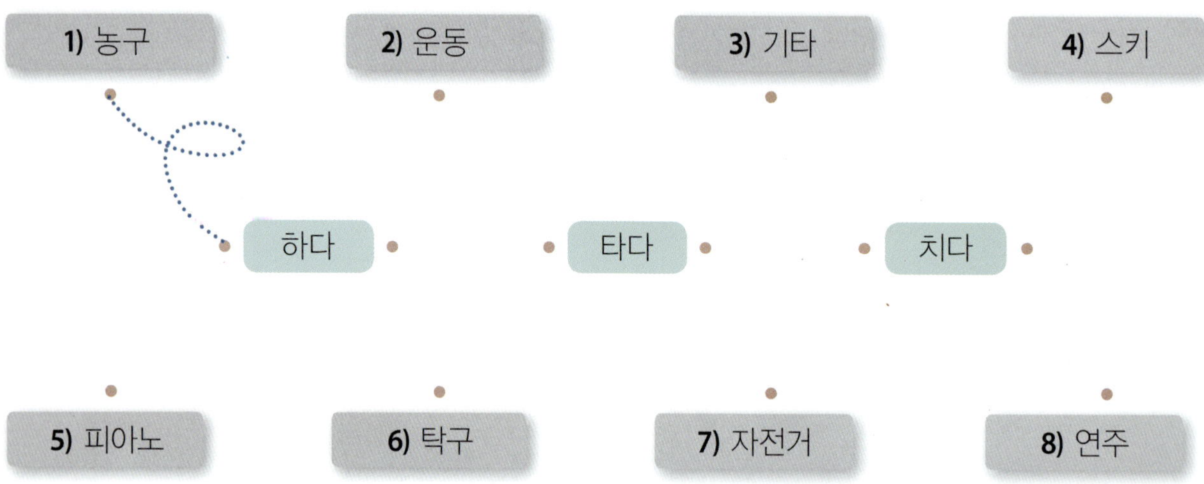

2 알맞게 연결해 보세요.
Connect the following words to the correct vocabulary items.

1) 농구   2) 운동   3) 기타   4) 스키

하다   타다   치다

5) 피아노   6) 탁구   7) 자전거   8) 연주

3 취미가 뭐예요? 그림을 보고 알맞게 써 보세요.
What is your hobby? Look at the pictures and complete the sentences.

1) 성민: 저는 독서하고 영화 감상이에요.

2) 히엔: 저는 __________________.

3) 빙빙: 저는 __________________.

4) 밍밍: 저는 __________________.

4 여러분은 시간이 있으면 뭐 해요? 친구와 이야기해 보세요.
What do you usually do in your free time? Discuss with your classmates.

〈보기〉
가: 성민 씨, 시간이 있으면 뭐 해요?
나: 저는 시간이 있으면 여행을 해요. 제임스 씨는요?
가: 저는 운동을 좋아해요. 그래서 시간이 있으면 운동해요.

친구 1	친구 2	친구 3

동사 (으)ㄹ 수 있다/없다

- 동생은 한국어를 읽**을 수 있어요.**

- 내일 모임에 **갈 수 있어요.**

- 가: 성민 씨, 운전할 **수 있어요?**
  나: 오늘은 피곤해서 운전할 **수 없어요.**

'–(으)ㄹ 수 있다/없다'는 동사와 결합하여 어떤 일을 할 능력이 있거나 없음을 나타낸다. 어떤 일이 일어날 가능성이 있거나 없을 때도 사용한다. 동사 어간에 받침이 있으면 '–을 수 있다/없다', 'ㄹ' 받침이거나 받침이 없으면 '–ㄹ 수 있다/없다'가 된다.

'–(으)ㄹ 수 있다/없다' are combined with verbs to indicate the ability to do something or that one lacks ability to do something. It can be used to show a possibility or absence of possibility, and in this case, it can be combined with adjectives as well as verbs. If the verb stem ends in a consonant, use the '을 수 있다/없다' form, but if the verb stem ends in a vowel, or ends in the consonant 'ㄹ', the form 'ㄹ 수 있다/없다' is written.

어떤 일을 할 능력이나 가능성에 대한 질문에 부정의 대답은 '못'을 사용하는 것이 자연스럽다.
예
- 가: 수영을 할 수 있어요?
  나: 아니요. 못해요.

---

1 알맞게 쓰세요.
Fill in the blanks with the correct grammar items.

	–(으)ㄹ 수 있어요	–(으)ㄹ 수 없어요		–(으)ㄹ 수 있어요	–(으)ㄹ 수 없어요
읽다			가다		
찾다			자다		
받다			치다		
먹다			운동하다		
만들다			요리하다		

2 여러분이 할 수 있는 것과 할 수 없는 것은 뭐예요? 친구와 이야기해 보세요.
Discuss the things you can or cannot do with your classmates.

〈보기〉　가: 한국어를 할 수 있어요?
　　　　나: 네, 할 수 있어요.(○)
　　　　　　아니요, 못해요. (X)

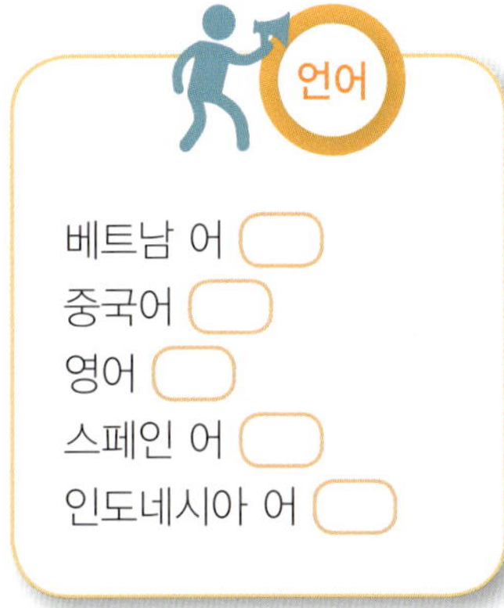

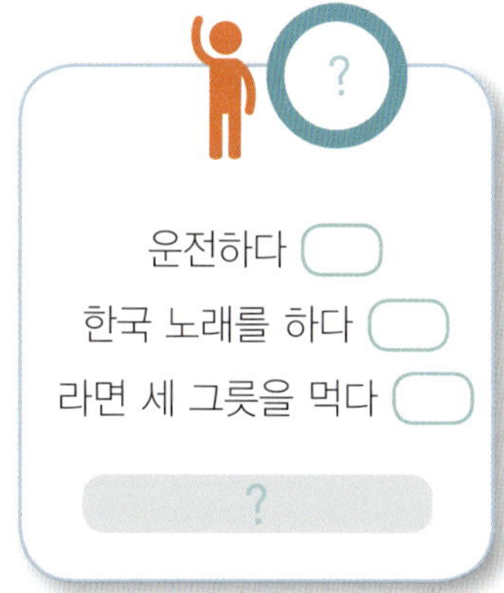

3 〈보기〉와 같이 문장을 만들어 보세요.
Follow the example to complete the conversations.

〈보기〉　제임스 씨는 김치찌개를 만들 수 있어요. (만들다)

1) 배가 부르지만 케이크는 　　　　　　　. (먹다)

2) 내년부터 　　　　　　　. (아르바이트를 하다)

3) 지금 전화하면 　　　　　　. (받다)

4) 빙빙 씨는 피아노를 배워서 클래식 음악을 　　　　　　. (연주하다)

4 아기와 어른이 할 수 있는 것과 할 수 없는 것은 뭐예요? 이야기해 보세요.
Discuss the things adults/babies can/cannot do.

명사 도

- 우리 반에 중국 사람**도** 있고 베트남 사람**도** 있어요.

- 가: 저는 커피를 좋아해요.

  나: 그래요? 저**도** 커피를 아주 좋아해요.

- 가: 주말에 뭐 했어요?

  나: 친구하고 영화**도** 보고 밥**도** 먹었어요.

'도'는 명사와 결합하여 '역시, 또한, 더함'을 나타낼 때 사용한다. 앞의 내용을 포함하면서 더함을 나타내거나 둘 이상의 대상을 나열하는 기능을 한다.

The '도' is used in conjunction with a noun to indicate 'also or 'as well'. A sentence with '도' includes the previous contents and functions to summarize a list of objects or actions.

1 〈보기〉와 같이 대화를 완성해 보세요.
Create sentences as the example indicates.

〈보기〉
가: 가방 안에 뭐가 있어요?
나: 한국어 책도 있고 지갑도 있어요.

1) 가: 학교에 뭐가 있어요?

   나: ________________________.

2) 가: 저는 일본 사람이에요.

   나: ________________________.

3) 가: 한국에서 어디에 갔어요?

   나: ________________________.

4) 가: 친구하고 뭐 했어요?

   나: ________________________.

2 알맞게 문장을 완성해 보세요.
Complete the following sentences.

1) 우리 반에는 ______________________________________ .

(중국 사람이 있다, 베트남 사람이 있다)

2) 저는 ______________________________________ .

(비빔밥을 좋아하다, 김밥을 좋아하다)

3) 이 식당은 ______________________________________ .

(값이 싸다, 음식이 맛있다)

4) 우리 집은 ______________________________________ .

(아버지가 군인이다, 어머니가 군인이다)

3 〈보기〉와 같이 친구와 이야기해 보세요.
Talk with your classmates as the example indicates.

〈보기〉
가: 한국에서 어디에 갔어요?
나: 경복궁에도 가고 창경궁에도 갔어요.
가: 거기에서 뭐 했어요?
나: 구경도 하고 사진도 찍었어요.

친구 1	친구 2	친구 3

ㄷ불규칙

- 어제 많이 **걸어서** 다리가 아파요.

- 여러분, 모르면 **물어** 보세요.

- 가: 시간이 있으면 뭐 해요?
  나: 저는 클래식 음악을 자주 **들어요**.

'ㄷ불규칙'은 동사 어간에 'ㄷ' 받침을 가진 '듣다, 걷다' 등이 모음 '-어, -으'로 시작하는 어미 앞에서 '들어, 걸어, 들으세요, 걸으세요'와 같이 'ㄷ'이 'ㄹ'로 바뀌는 것을 말한다. 그러나 '닫다, 받다' 등은 바뀌지 않는다.

'ㄷ irregular' means that the verb stem ends with the consonant 'ㄷ' in cases such as '듣다' and '걷다'. If the following word begins with a vowel such as '어' or '으', the irregular verbs change to '들어, 걸어, 들으세요', and '걸으세요' since the 'ㄷ' is changed to 'ㄹ'. The exceptions are '닫다' and '받다' since they do not change although they end with the consonant 'ㄷ'.

1 알맞게 쓰세요.

Fill in the blanks with the correct grammar items.

	-아요/어요/여요	-았어요/었어요/였어요	-아서/어서/여서	-(으)세요	-습니다
듣다			들어서		듣습니다
걷다					
묻다					
닫다					
받다					

2 〈보기〉와 같이 대화를 완성해 보세요.

Create sentences as the example indicates.

〈보기〉　가: 어디가 아파요?

나: 어제 오래 걸어서 다리가 좀 아파요. (걷다, -아서/어서/여서)

1) 가: 질문 있어요? 모르면 ________________________. (묻다, −아/어/여 보다)
   나: 질문 없어요, 선생님.

2) 가: 어떤 음악을 자주 ________________? (듣다, −아요/어요/여요)
   나: 저는 힙합을 좋아해요. 그래서 힙합을 자주 ________________. (듣다, −아요/어요/여요)

3) 가: 집에서 학교까지 어떻게 와요?
   나: 전 ________________ 와요. (걷다, −아서/어서/여서)

4) 가: 춥지 않아요? 전 좀 추워요.
   나: 그래요? 그럼, 문을 ________________? (닫다, −(으)ㄹ까요)

3 알맞은 문법 항목을 골라 대화를 완성해 보세요.
Select the appropriate grammar items to complete the conversations.

−(으)세요   −고 싶다   −아요/어요/여요   −아/어/여 보다

1) 가: 히엔 씨, 우리 좀 앉을까요?
   나: 성민 씨 힘들어요? 저는 좀 더 ________________. (걷다)

2) 가: 안나 씨는 어떤 음악을 좋아해요?
   나: 저는 한국 노래를 자주 ________________. (듣다)

3) 가: 여러분, 질문 있어요?
      모르면 ________________. (묻다)
   나: 네. 선생님.

동사 형용사 -(으)면서

- 저는 책을 읽**으면서** 친구를 기다렸어요.

- 이 옷은 예쁘**면서** 값도 싸요.

- 가: 어제 친구하고 뭐 했어요?
  나: 커피를 마시**면서** 이야기했어요.

'-(으)면서'는 동사, 형용사와 결합하여 두 가지 이상의 행동이 동시에 일어나거나 두 가지 이상의 상태를 동시에 유지하고 있음을 나타낸다. 동사, 형용사 어간에 받침이 있으면 '-으면서', 'ㄹ' 받침이거나 받침이 없으면 '-면서'가 된다. 앞 문장과 뒤 문장의 주어는 같아야 한다.

'-(으)면서' indicates that two or more behaviors occurring concurrently or more than one state exists when it is combined with verbs and adjectives. If the verb stem ends in a final consonant, the '-으면서' form is used, and if the verb stem ends in 'ㄹ' or a vowel, write only '-면서'. The subject in the previous sentence and the later section must agree.

명사는 '이다, 아니다'와 결합한다. 받침에 상관없이 '-이면서'를 쓰지만 명사에 받침이 없으면 주로 '-면서'를 쓴다.

예
- 경찰 → 경찰이면서
- 엄마 → 엄마이면서/엄마면서

---

1 알맞게 쓰세요.
Fill in the blanks with the correct grammar items.

	-(으)면서		-(으)면서		-이면서
읽다		마시다		선생님	
듣다		자다		학생	
입다		가다		사람	
좋다		비싸다		카페	
가볍다		크다		여자	
많다		살다		바다	

2 그림을 보고 〈보기〉와 같이 문장을 완성해 보세요.
Look at the pictures and complete the following sentences as the example indicates.

〈보기〉

성민이는 샤워하면서 노래해요.

1) 

어제 친구하고 　　　　　　　　　　　.

2) 

빙빙 씨는 　　　　　　　　　　　.

3) 

이 음식은 　　　　　　　　　　　.

4) 

이 사람은 　　　　　　　　　　　.

3 그림을 보고 〈보기〉와 같이 문장을 만들어 보세요.
Look at the pictures and create sentences as the example indicates.

〈보기〉　승수는 주스를 마시면서 이야기해요.

1 이 사람의 취미는 뭐예요? 그림을 보고 알맞게 써 보세요.
What is her hobby? Write sentences using the appropriate vocabulary.

1)

사진 찍기예요.

2)

.

3)

.

4)

.

5)

.

6)
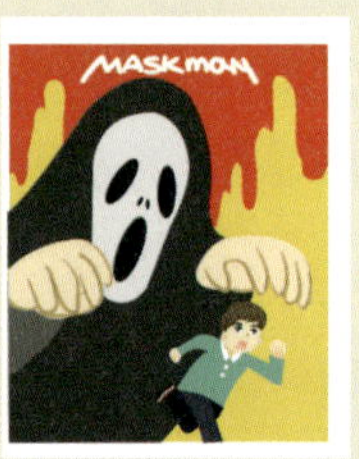
.

2 그림을 보고 알맞게 써 보세요.
What kind of movies or books are they? Write in the correct answers.

1)

공포 영화

2)

3)

4)

만화

5)
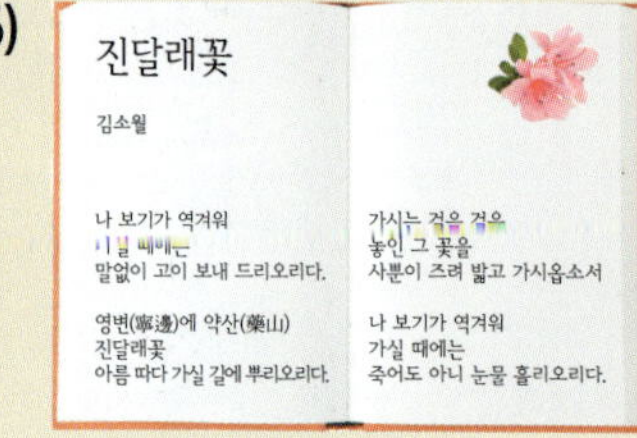

6)
진달래꽃

3 〈보기〉와 같이 대화를 완성해 보세요.
Create sentences as the example indicates.

〈보기〉   가: 한국어를 할 수 있어요? (중국어)
         나: 네, 중국어도 할 수 있어요.

1) 가: 농구할 수 있어요? (축구)

   나: 네, ________________________________ .

2) 가: 피아노 칠 수 있어요? (기타)

   나: 네, ________________________________ .

3) 가: 한국 음식을 만들 수 있어요? (말레이시아 음식)

   나: 네, ________________________________ .

4) 가: 라면을 먹을 수 있어요? (두 그릇)

   나: 네, 배고파서 ________________________ .

4 알맞은 문법 항목을 골라 문장을 완성해 보세요.
Complete the sentences using the grammar items in the box.

ㄷ 불규칙,   −(으)면서

1) 가: 지금 뭐 해요?

   나: _______________________ . (음악을 듣다/청소하다)

2) 가: 어제 공원에 갔어요?

   나: 네, 한강 공원에서 친구와 _______________________ . (걷다/커피 마시다)

3) 가: 한국어 연습을 어떻게 해요?

   나: 저는 _______________________ . (한국 사람의 이야기를 많이 듣다/연습하다)

4) 가: 영화가 재미있었어요?

   나: 네, _______________________ . (영화 보다/많이 웃다)

13

건강

어휘 Vocabulary

건강 관련 어휘 Vocabulary related to health

문법 Grammar

으 탈락, 명사 만, 동사 기 전에,
동사 (으)ㄴ 후에

1 아는 어휘에 ✔ 해 보세요.
Identify the words you know.

2 〈보기〉와 같이 친구와 이야기해 보세요.
Talk with your classmates as the example indicates.

〈보기〉 가: 어디가 아파요?

나: 머리가 아파요.

 알맞게 연결하고 써 보세요.
Connect the following words to the correct vocabulary items and write in the answers.

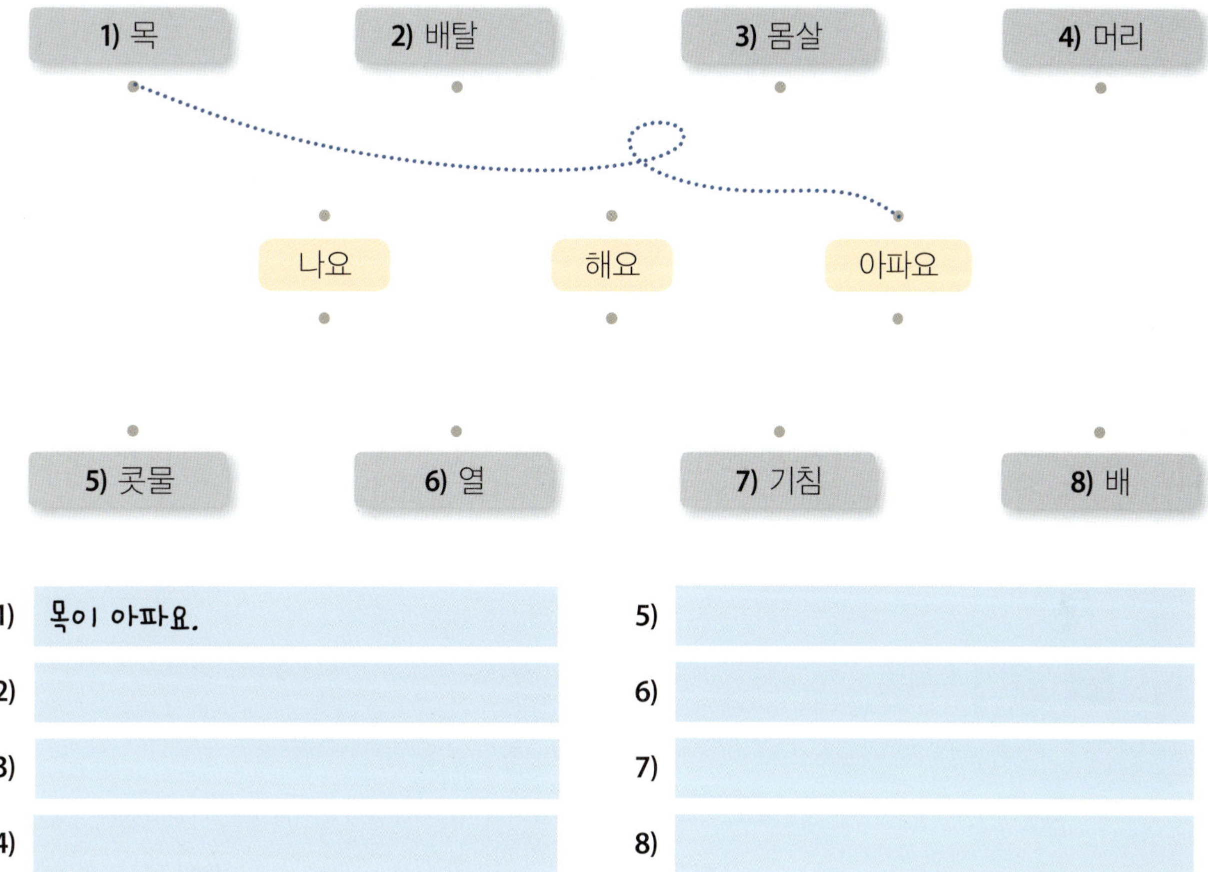

1) 목이 아파요.
2)
3)
4)
5)
6)
7)
8)

4 감기에 걸리면 어떤 증상이 있어요? 친구와 이야기해 보세요.
What are the symptoms of a cold? Talk about them with your classmates.

〈보기〉
가: 성민 씨는 감기에 걸리면 보통 어디가 아파요?
나: 저는 보통 목이 아파요.

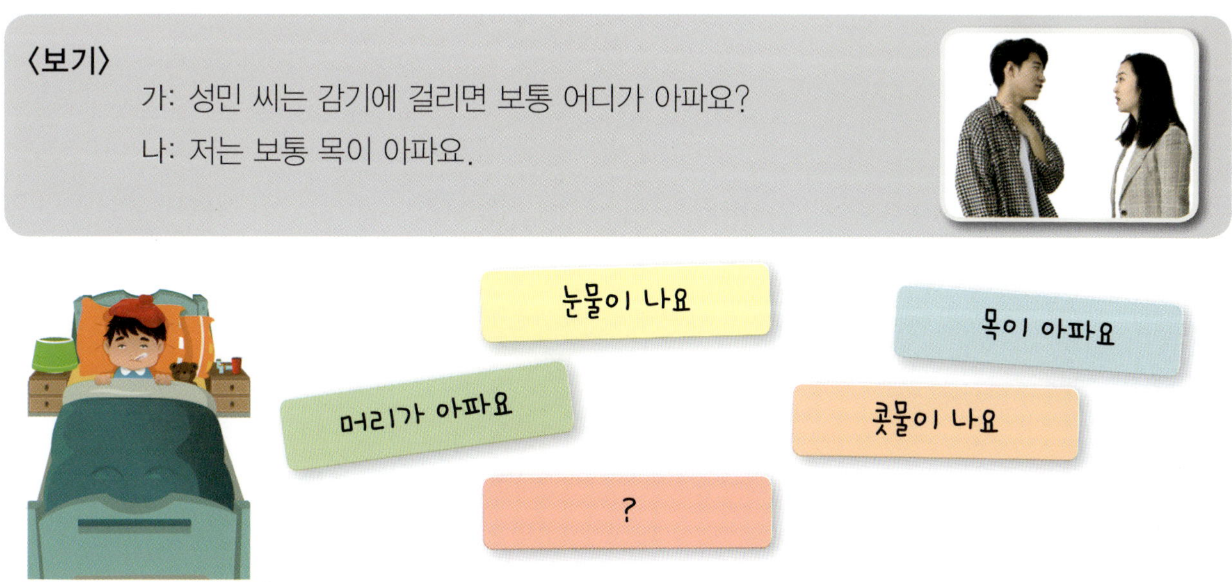

으 탈락

- 히엔 씨는 친절하고 **예뻐요**.

- 아침을 안 먹어서 배가 **고파요**.

- 가: 빙빙 씨, 어제 뭐 했어요?
  나: 부모님이 보고 싶어서 이메일을 **썼어요**.

'으 탈락'은 어간의 끝음절이 '으'로 끝난 동사나 형용사가 모음과 만나면 '으'가 탈락한다. '크다'나 '쓰다'처럼 1음절 어간의 모음이 '으'로 끝나면 '−어요'가 결합한다. 그렇지만 '아프다', '바쁘다'처럼 2음절 이상의 어간에서 '으'가 'ㅏ, ㅗ'와 만나면 '−아요'가 되고 그 외 모음과 만나면 '−어요'가 된다.

When a verb or adjective ending in '으' meets another vowel, the '으' is dropped. If 'ㅏ' or 'ㅗ' are in front, the word is conjugated with '-아요', but all other vowels are conjugated with '-어요'.

---

1 알맞게 쓰세요.
Fill in the blanks with the correct grammar items.

	−아요/어요/여요	−았어요/었어요/였어요	−아서/어서/여서	−ㅂ/습니다
바쁘다	바빠요	바빴어요	바빠서	바쁩니다
아프다				
나쁘다				
배고프다				
슬프다				
예쁘다				
크다				
끄다	꺼요	껐어요	꺼서	끕니다
쓰다				

2 알맞은 어휘를 골라 대화를 완성해 보세요.
Choose an appropriate word and complete the conversations.

| 크다 | 쓰다 | 예쁘다 | 바쁘다 | 아프다 |

1) 가: 이름은 어디에 ____________?
   나: 여기에 쓰세요.

2) 가: 빙빙 씨 남자 친구는 키가 ____________?
   나: 네, 190cm예요.

190cm

3) 가: 히엔 씨, 이번 주말에 시간 있어요?
   나: 아니요, 요즘에 일이 많아서 너무 ____________.

4) 가: 몸은 좀 어때요?
   나: 어제는 머리가 아팠어요. 그런데 오늘은
      목이 ____________.

5) 가: 성민 씨 동생이에요?
   나: 네, 제 동생이에요. 제 동생은 똑똑하고
      얼굴도 ____________.

3 〈보기〉와 같이 문장을 완성해 보세요.
Complete the following sentences as the example indicates.

〈보기〉 날씨가 나빠요. (나쁘다/–아요/어요/여요)

1) 시험이에요. 휴대 전화를 ____________. (끄다/–아야/어야/여야 되다)

2) 말을 많이 해서 목이 ____________. (아프다/–아요/어요/여요)

3) 어제 편지를 ____________. (쓰다/–았어요/었어요/였어요)

4) 어제 영화를 보고 ____________ 울었어요. (슬프다/–아서/어서/여서)

명사 + 만

- 제 가방에는 필통**만** 있어요.
- 교실에서는 한국어**만** 사용해야 됩니다.
- 가: 아침에 밥을 먹어요?
  나: 아니요, 저는 우유**만** 마셔요.

'만'은 명사와 결합하여 다른 것을 제외하고 오직 그것을 선택하거나 한정함을 나타낼 때 사용하는 조사이다. '에만', '에서만'으로도 사용된다.

'-만' is used after a noun to indicate that you are selecting and limiting to one choice only. It is also used with '에만' and '에서만'.

1 〈보기〉와 같이 대화를 완성해 보세요.
Create sentences as the example indicates.

〈보기〉　가: 중국어도 공부해요?
　　　　　나: 아니요, 한국어만 공부해요 . (한국어/공부하다)

1) 가: 가방 안에 뭐가 있어요?

　나: ___________________________ . (책/있다)

2) 가: 농구도 좋아해요?

　나: 아니요, 저는 ___________________________ . (축구/좋아하다)

3) 가: 아침에 운동해요?

　나: 아니요, ___________________________ . (저녁/운동하다)

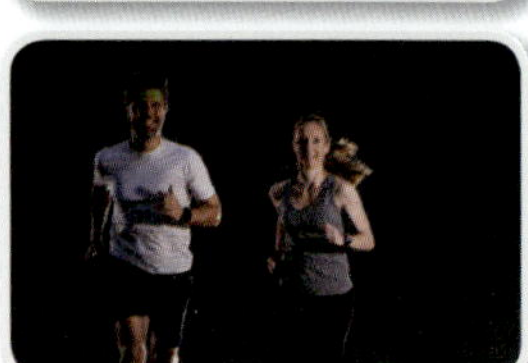

4) 가: 집에서도 공부해요?

　나: 아니요, ___________________________ . (도서관/공부해요)

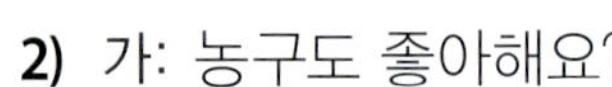
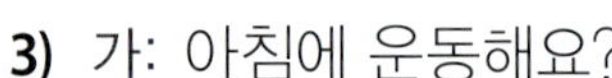

2 〈보기〉와 같이 대화를 완성해 보세요.
Create sentences as the example indicates.

〈보기〉
가: 방에 뭐가 있어요?
나: 침대만 있어요.

1) 가: 교실에 누가 있어요?

　　나: ＿＿＿＿＿＿＿＿＿＿＿＿＿＿＿＿＿ .

2) 가: 운동화도 사요?

　　나: 아니요, ＿＿＿＿＿＿＿＿＿＿＿＿＿ .

3) 가: 수영도 배워요?

　　나: 아니요, ＿＿＿＿＿＿＿＿＿＿＿＿＿ .

3 우리 반 친구에 대해 '만'을 사용하여 이야기해 보세요.
Talk about your classmates using '만'.

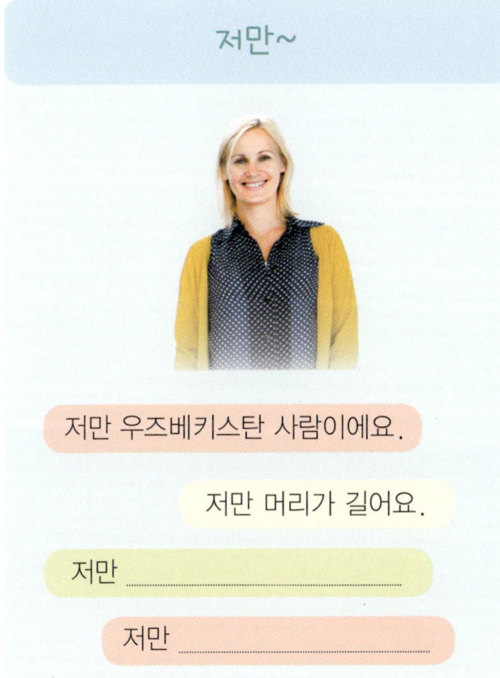

동사 -기 전에

- 밥을 먹**기 전에** 손을 씻어야 해요.

- 저는 잠을 자**기 전에** 샤워를 해요.

- 가: 언제 한국어를 배웠어요?

  나: 한국에 오**기 전에** 한국어를 배웠어요.

'-기 전에'는 동사와 결합하여 뒤의 행위가 앞의 행위보다 먼저 일어남을 나타낸다. 일의 순서를 말할 때 주로 사용한다.

'-기 전에' in conjunction with a verb indicates that the subsequent action occurs before the previous action mentioned.

'-기 전에'는 과거 시제 '-았/었-'과 결합할 수 없으며, 과거는 뒤에 오는 문장에 '-았/었-'을 사용한다.

예
- 밥을 먹기 전에 손을 씻었어요.(○)
- 밥을 먹었기 전에 손을 씻었어요.(×)

---

1 '-기 전에'를 사용해서 문장을 만들어 보세요.
Use '-기 전에' to create sentences.

1)

아침을 먹기 전에 _샤워를 해요_ .

2)

.

3)

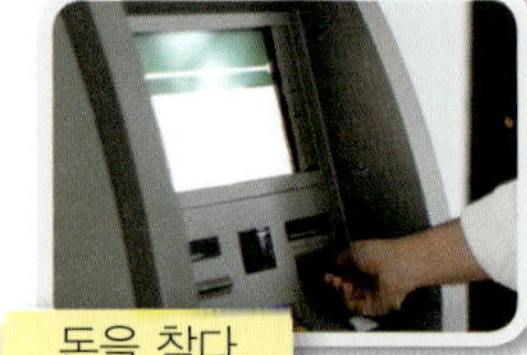

.

4)

.

2 알맞은 어휘를 골라 문장을 완성해 보세요.
Choose an appropriate word to complete the sentences.

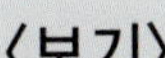

영화를 보다　　　요리하다　　　출발하다　　　시험 보다

1) 요리하기 전에 손을 씻어야 해요.

2) 　　　　　　　　　전화하세요.

3) 　　　　　　　　　표를 사야 돼요.

4) 　　　　　　　　　공부해야 해요.

3 〈보기〉와 같이 대화를 완성해 보세요.
Create sentences as the example indicates.

〈보기〉 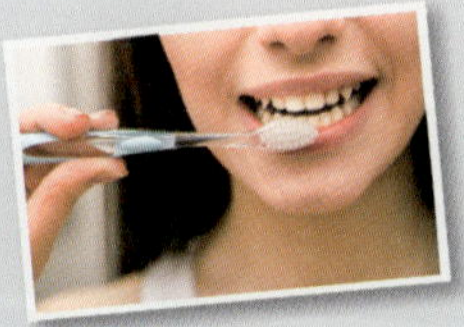

가: 자기 전에 뭘 해요?
나: 자기 전에 이를 닦아요.

1) 가: 　　　　　　　　　뭘 해요? (학교에 오다)

나: 밥을 먹어요.

2) 가: 　　　　　　　　　뭘 해요? (잠을 자다)

나: 텔레비전을 봐요.

3) 가: 　　　　　　　　　뭘 해요? (영화를 보다)

나: 표를 예매해요.

4) 가: 　　　　　　　　　뭘 해요? (여행을 가다)

나: 돈을 모아요.

동사 (으)ㄴ 후에

- 손을 씻**은 후에** 식사를 하세요.

- 저는 숙제를 **한 후에** 잠을 자요.

- 가: 수업이 끝**난 후에** 뭐 할 거예요?
  나: 친구하고 카페에서 커피를 마실 거예요.

'-(으)ㄴ 후에'는 동사와 결합하여 어떤 행위를 먼저 한 다음에 뒤의 행위를 함을 나타낸다. 동사 어간에 받침이 있으면 '-은 후에', 'ㄹ' 받침이거나 받침이 없으면 '-ㄴ 후에'를 사용한다.

'-(으)ㄴ 후에' is attached to a verb to state that when an action is performed first, a second action will be carried out later. If a verb ends in a consonant, add '은 후에', but if the verb stem ends in a vowel or 'ㄹ', use 'ㄴ 후에'.

일부 명사와 결합하기도 하는데 이런 경우 '명사 + 후에'로 사용한다.

예
- 식사 + 후에 → 식사 후에
- 수업 + 후에 → 수업 후에
- 운동 + 후에 → 운동 후에

---

1 알맞게 연결하고 쓰세요.
Connect the actions to the correct grammar item and write the sentence.

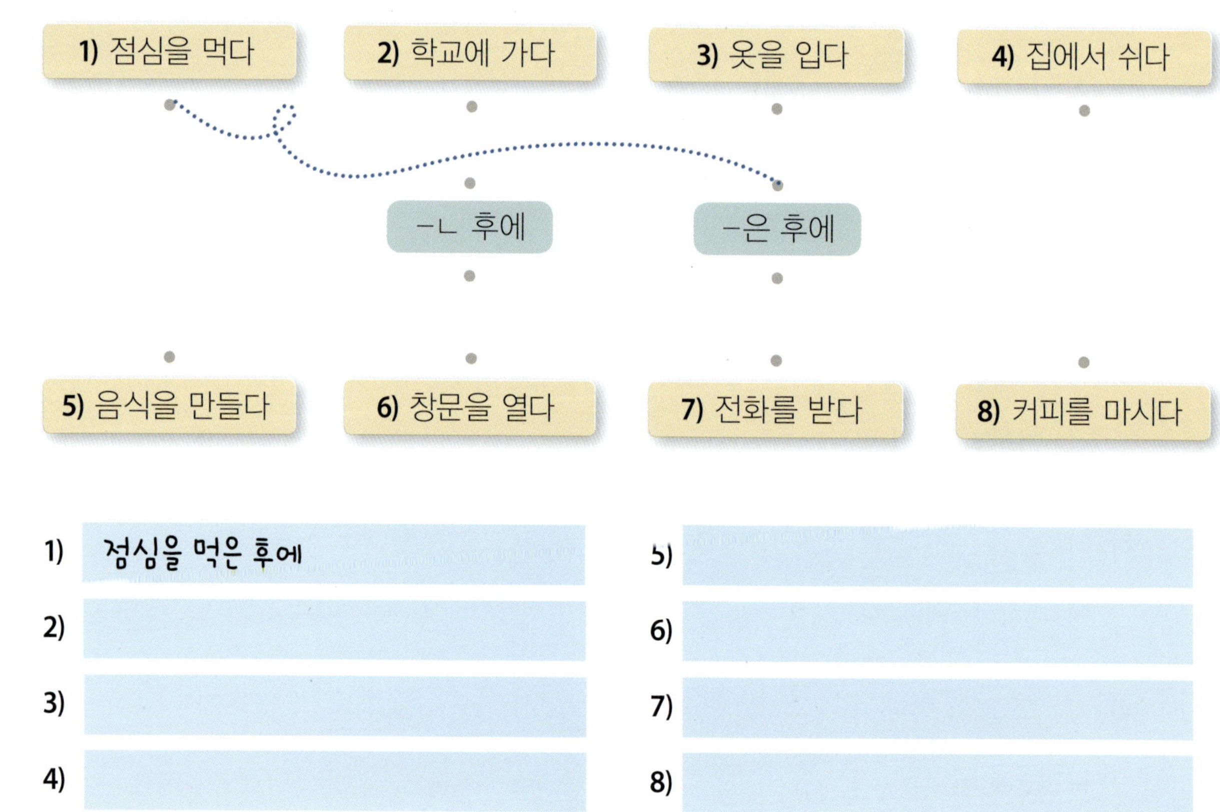

1) 점심을 먹은 후에

2)

3)

4)

5)

6)

7)

8)

2 그림을 보고 문장을 만들어 보세요.
Look at the pictures and create sentences.

아오이 씨는 운동을 해요. 운동한 후에

3 알맞은 표현을 골라 〈보기〉와 같이 친구와 이야기해 보세요.
Choose an appropriate expression and talk with your classmates as the example indicates.

〈보기〉　가: 졸업한 후에 뭐 할 거예요?
　　　　나: 대학교에 갈 거예요.

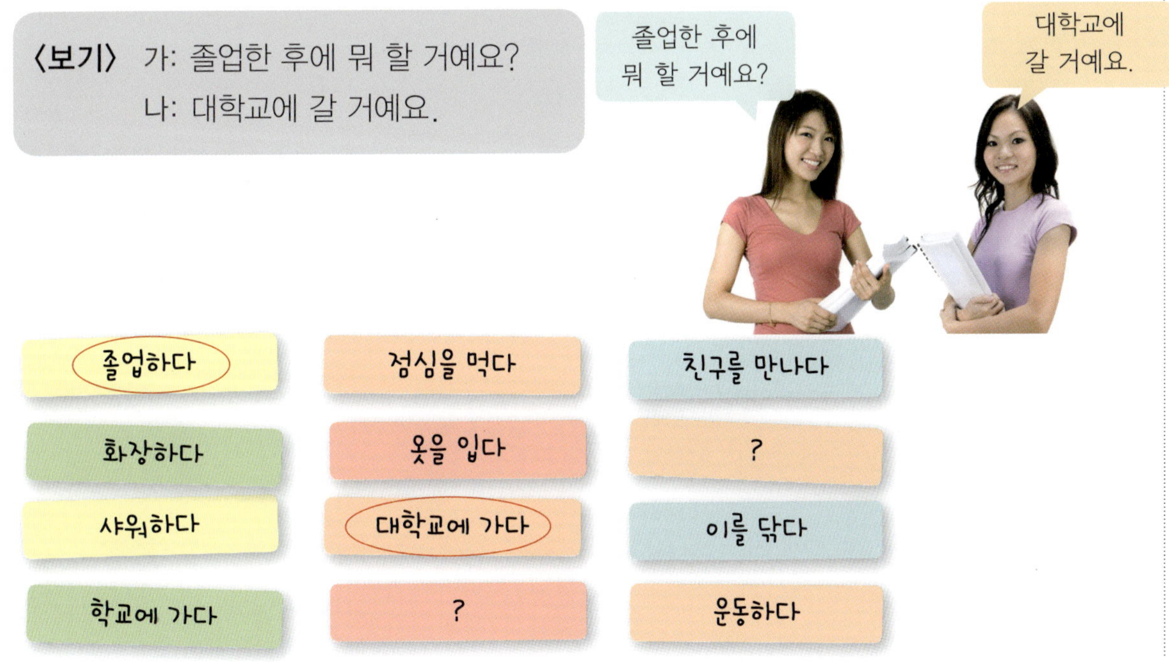

졸업하다	점심을 먹다	친구를 만나다
화장하다	옷을 입다	?
샤워하다	대학교에 가다	이를 닦다
학교에 가다	?	운동하다

1 그림을 보고 알맞게 써 보세요.
Look at the pictures and write sentences by choosing an appropriate word.

나다	아프다	하다

1) 배가 아파요.

2)

3)

4)

5)

6)

2 알맞게 대화를 완성해 보세요.
Choose an appropriate word and complete the conversations.

병원에 가요	배탈이 났어요	열이 나요	감기에 걸렸어요

1) 가: 히엔 씨, 무슨 일 있어요?

   나: 머리가 아프고 ______________________.

2) 가: 성민 씨, 어디 아파요?

   나: 어제 너무 많이 먹어서 ______________________

3) 가: 빙빙 씨, 기침을 많이 해요.

   나: 요즘 날씨가 추워서 ______________________.

4) 가: 뚜언 씨, 어디에 가요?

   나: 아파서 ______________________

3 다음 문법 항목을 사용하여 대화를 완성해 보세요.
Choose an appropriate grammar item to complete the following conversations.

으 탈락	만

1) 가: 성민 씨, 무슨 일 있어요?

   나: 시험을 못 봐서 ＿＿＿＿＿＿＿＿＿＿. (기분이 나쁘다)

2) 가: 아오이 씨, 어깨도 아파요?

   나: 아니요, ＿＿＿＿＿＿＿＿＿＿. (허리/아프다)

3) 가: 선생님, 쓰기 숙제는 언제까지 해요?

   나: 다음 주 월요일까지 ＿＿＿＿＿＿＿＿＿ 주세요. (공책에 쓰다)

4) 가: 우리 반에서 누가 한국 사람이에요?

   나: ＿＿＿＿＿＿＿＿＿＿. (선생님/한국 사람이다)

4 〈보기〉와 같이 질문에 대답해 보세요.
Answer the questions as the example indicates.

〈보기〉

언제 아침을 먹어요?

샤워를 한 후에 아침을 먹어요.
학교에 가기 전에 아침을 먹어요.

1) 언제 친구를 만나요?

2) 언제 공부를 해요?

3) 언제 커피를 마셔요?

4) 언제 물을 마셔요?

방학과 휴가

어휘 Vocabulary

방학과 휴가 관련 어휘 Vocabulary related to school breaks and vacations

문법 Grammar

동사 아서/어서/여서, 동사 (으)려고,
동사 는데, 형용사 (으)ㄴ데(1),
동사 는데, 형용사 (으)ㄴ데(2)

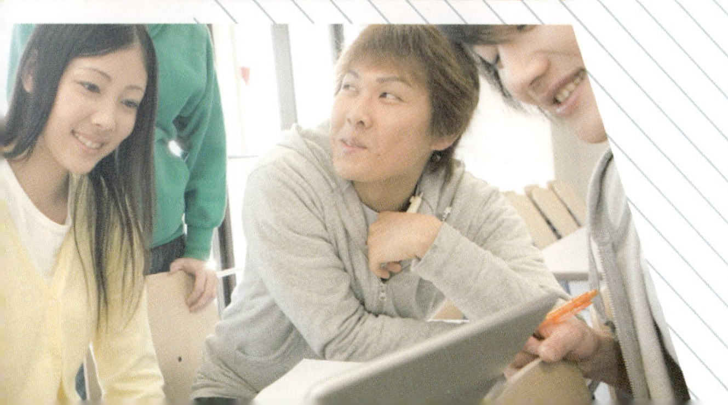

1 아는 어휘에 ✔ 해 보세요.
Identify the words you know.

☐ 외국어를 공부해요	☐ 한국어를 연습해요	☐ 요리를 배워요
☐ 운동을 시작해요	☐ 아르바이트를 해요	☐ 대청소를 해요
☐ 신나게 놀아요	☐ 고향에 다녀와요	☐ 여행을 가요

2 위의 어휘 중 알맞은 어휘를 써 보세요.
Choose a word from above and write in sentences under the corresponding pictures.

1)

외국어를 공부해요.

2)

3)

4)

5)

6)

7)

8)

9)
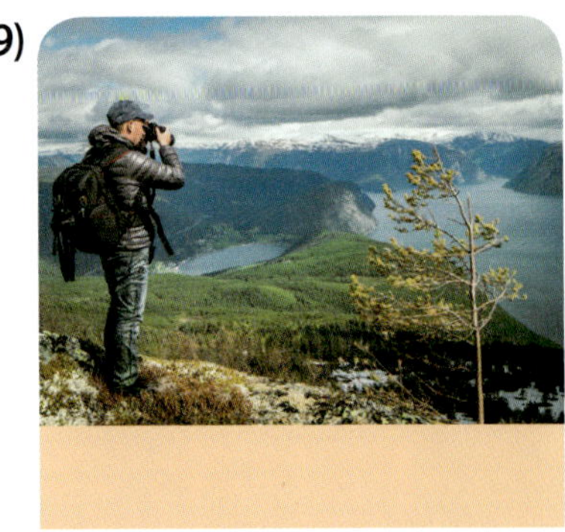

3 잘 듣고 알맞게 쓰세요. 🎧 42

Listen carefully and write in the sentences.

1) 저는 주말에 **외국어를 공부해요** .

2) 이번 일요일에 .

3) 오늘부터 .

4) 어제는 .

5) 친구하고 같이 .

6) 연휴에 .

7) 카페에서 .

8) 한국 친구하고 같이 .

4 〈보기〉와 같이 친구와 이야기해 보세요.

Talk with your classmates as the example indicates.

〈보기〉
가: 이번 주말에 뭐 할 거예요?
나: 친구하고 놀 거예요.
다: 저는 친구하고 한국어를 연습할 거예요.

	나	친구 1	친구 2
주말			
방학			
휴일			

문법 1

'-아서/어서/여서'는 동사와 결합하여 시간 순서대로 어떤 동작이나 일이 일어남을 나타낸다. 이때 앞 문장의 동작은 뒤 문장의 동작 전에 반드시 일어나야 되며 두 문장의 주어는 같아야 한다. 동사 어간의 끝음절 모음이 'ㅏ, ㅗ'인 경우 '-아서', 그 외에는 '-어서', '하다'는 '해서'가 된다.

'-아서/어서/여서' are attached to the verb to tell the listener what actions happen in time order. In this case, the action of the previous sentence must occur before the action of the latter sentence, and the subject of the two sentences must be the same. If the verb stem any other endings, and use '해서' for verb with the '하다'.

'-아서/어서/여서'는 '-고'와 함께 순서를 나타낼 때 사용한다. 그런데 '-고'는 단순한 시간적 순서를 나타내는 반면 '-아서/어서/여서'는 앞 문장의 동작과 뒤 문장의 동작이 밀접한 관계가 있어야 된다는 차이가 있다.

---

1 〈보기〉와 같이 문장을 만들어 보세요.
Complete the following sentences as the example indicates.

> 〈보기〉　친구를 만났어요. 그 친구와 이야기를 했어요.
> ➡ 친구를 만나서 이야기를 했어요 .

1) 한강 공원에 갔어요. 거기에서 자전거를 탔어요.

➡ ________________________________ .

2) 고향 음식을 만들었어요. 그 음식을 친구들과 함께 먹었어요.

➡ ________________________________ .

3) 도서관에 갔어요. 거기에서 책을 빌리려고 해요.

➡ ________________________________ .

4) 돈을 모았어요. 그 돈으로 여행을 가려고 해요.

➡ ________________________________ .

2 알맞은 것을 골라 문장을 만들어 보세요.
Choose an appropriate word and create sentences.

1) 카페에 가서 책을 읽었어요 .
2) 친구를 만나서 카페에 갔어요 .
3) .
4) .
5) .
6) .

3 〈보기〉와 같이 알맞게 골라 보세요.
Choose an appropriate word as the example indicates.

> 〈보기〉 우체국에 (가고, 가서) 소포를 보내려고 해요.

1) 아침에 밥을 (먹고, 먹어서) 이를 닦았어요.

2) 사진을 많이 (찍고, 찍어서) 블로그에 올릴 거예요.

3) 선생님의 설명을 (듣고, 들어서) 연습을 했습니다.

4) 어제 청소를 (하고, 해서) 빨래를 했어요.

5) 집에 (오고, 와서) 텔레비전을 봅니다.

6) 지하철에서 (내리고, 내려서) 버스로 갈아탔어요.

4 친구와 이야기해 보세요.
Talk with your classmates.

동사 (으)려고

- 형 결혼식에 입**으려고** 옷을 샀어요.

- 아침에 운동하**려고** 일찍 일어났어요.

- 가: 왜 돈을 모아요?
  나: 방학에 여행을 가**려고** 돈을 모아요.

'–(으)려고'는 동사와 결합하여 어떤 행위를 할 의도나 목적이 있음을 나타낸다. 동사 어간에 받침이 있으면 '–으려고', 'ㄹ'받침이거나 받침이 없으면 '–려고'가 된다. 앞 문장과 뒤 문장의 주어는 같아야 한다.
'–(으)려고' is added to a verb to indicate there is a purpose or an intention to accomplish a certain action. If the verb ends in a consonant, use '–으려고' form, but if the verb stem ends in a vowel or 'ㄹ', use '–려고' form. In addition, the subject of the previous sentence and the next sentence must be the same.

1 알맞게 쓰세요.
Write in the correct answers.

	–(으)려고		–(으)려고
먹다	먹으려고	가다	
찾다		오다	
받다		만나다	
씻다		알다	
읽다		돕다	

2 알맞게 연결하고 써 보세요.
Connect the following and write in the sentences.

1) 외국인 등록증을 찾다

2) 건강해지다

3) 대학교에 들어가다

4) 책을 읽다

5) 통장을 만들다

6) 옷을 사다

- 한국어를 공부하다
- 채소를 먹다
- 은행에 가다
- 사무실에 가다
- 서점에서 책을 사다
- 백화점에 가다

1) 외국인 등록증을 찾으려고 사무실에 가요.   4)

2)   5)

3)   6)

3 〈보기〉와 같이 대화를 완성해 보세요.
Create sentences as the example indicates.

> 〈보기〉
> 가: 왜 일어났어요?
> 나: 창문을 닫으려고 일어났어요. (창문을 닫다)

1) 가: 왜 음식을 많이 만들어요?

   나: . (친구하고 같이 먹다)

2) 가: 왜 집에 다시 들어가요?

   나: . (우산을 가져가다)

3) 가: 왜 한국어 공부를 시작했어요?

   나: . (한국어 선생님이 되다)

4) 가: 왜 전화했어요?

   나: . (약속 시간을 바꾸다)

4 여러분의 주말 계획을 쓰세요. 그리고 〈보기〉와 같이 친구와 이야기해 보세요.
Write your weekend plans and talk with your classmates as the example indicates.

> 〈보기〉
> 가: 아오이 씨, 주말에 뭐 할 거예요?
> 나: 콘서트에 갈 거예요. 콘서트에 가려고 표를 예매했어요.

	주말 계획	준비
아오이	콘서트에 갈 거예요	표를 예매했어요
나		

동사 는데, 형용사 (으)ㄴ데 (1)

- 형은 김치를 잘 먹**는데** 동생은 못 먹어요.

- 한국어는 잘하**는데** 중국어는 못해요.

- 가: 이 신발 어때요?

  나: 예**쁜데** 너무 비싸요.

'-는데/(으)ㄴ데'는 동사, 형용사와 결합하여 앞의 내용과 뒤의 내용이 대조됨을 나타낸다. 동사는 '-는데', 형용사는 어간에 받침이 있으면 '-은데', 'ㄹ' 받침이거나 받침이 없으면 '-ㄴ데'를 쓴다. 이때 예외적으로 형용사 '있다'와 '없다'는 '-는데'를 쓰며, '명사+이다'는 '인데'를 쓴다.

'-는데/(으)ㄴ데' are attached to a verb or adjective to indicate that the contents of the preceding part of the sentence are in contrast. Add '-는데' to verbs. If an adjective ends in a consonant, use '-은데' form, but if an adjective ends in a vowel, attach '-ㄴ데' form. However, adjectives such as '있다' and '없다' take '-는데' form, and for 'noun plus 이다' form, use '인데'.

1 알맞게 쓰세요.
Write in the correct answers.

	-는데/(으)ㄴ데		-는데/(으)ㄴ데		-는데/(으)ㄴ데
보다	보는데	많다		의사이다	
가다		작다		친구이다	
받다		바쁘다		한국 사람이다	
씻다		아프다		책상이다	

2 〈보기〉와 같이 문장을 완성해 보세요.
Use the example to complete the sentences.

〈보기〉

오늘은 비가 오는데 내일은 안 올 거예요.

1) ________________.

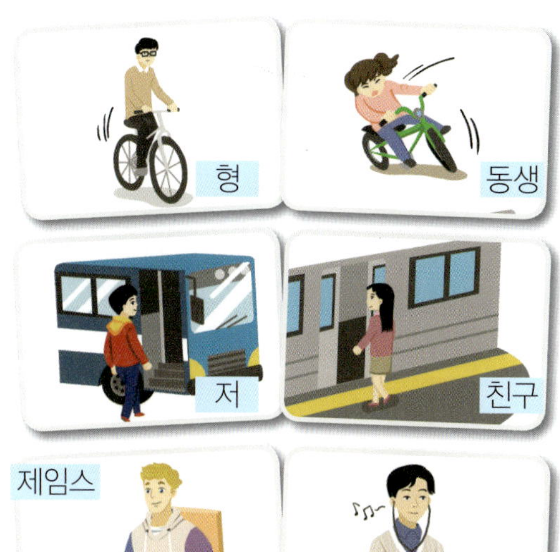

2) ________________.

3) ________________.

4) 저는 ________________.

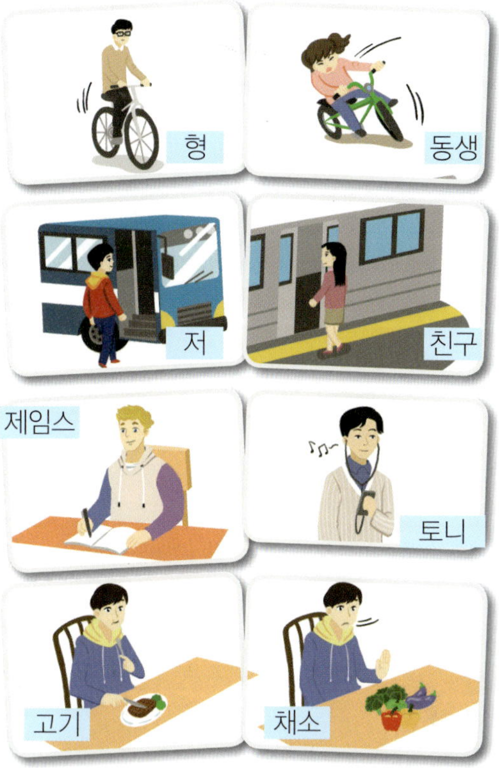

3 〈보기〉와 같이 문장을 완성해 보세요.

Use the example to complete the sentences.

과거	현재
〈보기〉 매일 운동을 했어요	운동을 안 해요
1) 남자 친구가 있었어요	헤어졌어요
2) 인터넷 게임을 자주 했어요	게임을 하지 않아요
3) 한글도 몰랐어요	한국어를 잘해요
4) ?	?

〈보기〉 1년 전에는 매일 운동을 했는데 요즘은 안 해요.

1) ________________.

2) ________________.

3) ________________.

4) ________________.

• 새로 나온 표현 •

모르다
헤어지다
잘하다

동사 는데, 형용사 (으)ㄴ데 (2)

- 날씨가 좋**은데** 같이 공원에 갈까요?
- 비가 많이 오**는데** 택시를 타고 가세요.
- 김치를 처음 먹었**는데** 맛있었어요.

'–는데/(으)ㄴ데'는 동사, 형용사와 결합하여 제안, 명령, 질문, 설명을 하기 전에 어떤 일의 배경이나 상황을 제시할 때 쓴다. 동사와 '있다', '없다'의 경우는 '–는데'를 쓰고, 형용사는 어간에 받침이 있으면 '–은데', 'ㄹ' 받침이거나 받침이 없으면 '–ㄴ데'를 쓴다. 그리고 '명사+이다'는 '인데'를 쓴다.

'-(으)ㄴ데/는데' can also be added to verbs or adjectives to suggest the background or set out a situation before offering a suggestion, giving a command, asking a question or providing an explanation. Add '-는데' to verbs and adjectives such as '있다' and '없다'. If an adjective ends in a consonant, use '-은데' form, but if an adjective ends in a vowel, attach '-ㄴ데' form. And finally, use '인데 for 'noun plus 이다' form.

---

1 알맞게 연결하고 써 보세요.
Connect the following and write in the sentences.

1) 가방이 무겁다	우산이 없어요?
2) 배고프다	같이 밥 먹으러 갈까요?
3) 영화표가 있다	마음에 안 들어요.
4) 치마를 샀다	좀 도와주시겠어요?
5) 비가 많이 오다	같이 볼까요?
6) 구두가 비싸다	살 거예요?

1) 가방이 무거운데 좀 도와주시겠어요?

2)

3)

4)

5)

6)

2 〈보기〉와 같이 알맞게 문장을 완성해 보세요.
Choose an appropriate phrases and complete the sentences as the example indicates.

> 날씨가 춥다   영화를 보다   제 친구이다
> 학교에서 배우다   한국 음식을 만들려고 하다

〈보기〉
이 문법을 학교에서 배웠는데 잘 모르겠어요.

1) 지난주에 ____________________ 슬펐어요.

2) ____________________ 도와줄 수 있어요?

3) ____________________ 창문을 닫을까요?

4) 이 사람은 ____________________ 아주 똑똑해요.

3 휴대 전화에 있는 사진 중에서 친구들에게 소개하고 싶은 것이 있어요? 〈보기〉와 같이 친구에게 이야기해 보세요.
Do you have any pictures on your cell phone that you want to share with your classmates?
Talk with your classmates as the example indicates.

〈보기〉

여기는 롯데타워인데 한국에서 가장 높아요.
롯데타워는 잠실에 있는데 항상 사람이 많아요.
롯데타워에 식당이 있는데 음식이 맛있어서 자주
가요.

1 알맞게 연결해 보세요.
Match the sentences to the corresponding pictures.

1) 대청소를 해요

2) 외국어를 공부해요

3) 운동을 시작해요

4) 아르바이트를 해요

5) 요리를 배워요

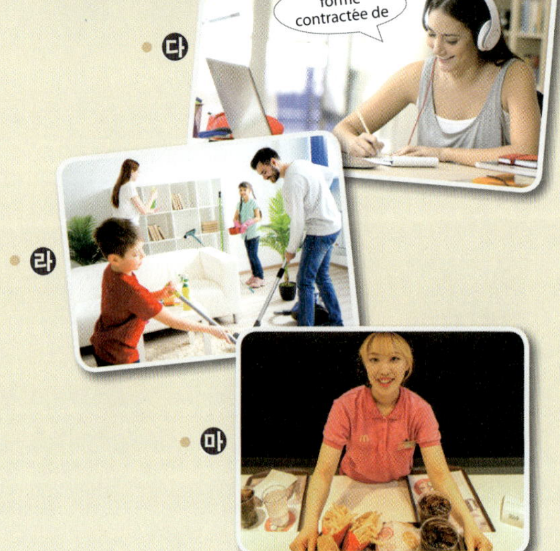

2 알맞은 어휘를 골라 문장을 완성해 보세요.
Choose an appropriate word to complete the following sentences.

반갑다   힘들다   화가 나다   부럽다   고맙다

1) 가방이 무거웠는데 친구가 도와줬어요. 그래서 **고마웠어요** .

2) 방학에 고향에 가서 친구를 만났어요. 아주 ___________ .

3) 학생들이 숙제를 안 해서 선생님께서 ___________ .

4) 아르바이트를 했는데 한국어를 잘 못해서 ___________ .

5) 친구는 하와이로 여행을 가는데 저는 회사에서 일해야 돼요. 친구가 너무 ___________ .

 다음 문법 항목을 한 번씩만 사용하여 대화를 완성해 보세요.
Use the grammar items one at a time to complete the following conversations.

| –(으)려고 | –아서/어서/여서 | –는데/(으)ㄴ데(1) | –는데/(으)ㄴ데(2) |

안나: 왕량 씨, 다음 주면 **1)** ____________ (방학이다) 방학에 뭐 할 거예요?

왕량: 저는 호주에 갈 거예요. 한국은 지금 **2)** ____________ (겨울이다)

　　　호주는 여름이에요. 그래서 호주에 **3)** ____________ (가다) 여름옷도 샀어요.

안나: 와, 정말 재미있겠어요.

왕량: 안나 씨는 방학에 뭐 하려고 해요?

안나: 저는 방학 동안 한국어 연습을 하고 싶어요.

　　　한국 드라마 DVD를 **4)** ____________ (빌리다) 여러 번 볼 거예요.

왕량: 역시 안나 씨예요. 하지만 너무 공부만 하지 마세요.

4 〈보기〉와 같이 틀린 부분을 알맞게 고쳐 보세요.
Find out a mistake from the following sentences and correct them as the example indicates.

〈보기〉　아침에 ①일어나고 밥을 ②먹었어요. 그리고 밥을 ③먹고 ④학교에 갔어요.
➡ ① 일어나서

1) ①친구하고 같이 ②책을 ③읽려고 도서관에 ④갑니다.
➡ ____________

2) ①인터넷에서 옷을 ②사는데 ③작아서 ④바꾸고 싶어요.
➡ ____________

3) 오전에 ①은행에 ②갔어서 ③통장을 ④만들었어요.
➡ ____________

4) ①제가 ②노트북이 ③없어서 히엔 씨 노트북 좀 빌릴 수 ④있어요?
➡ ____________

5) ①날씨가 너무 추운데 ②교실 ③창문을 ④닫았어요.
➡ ____________

어휘·문법

※ [1~4] 〈보기〉와 같이 그림을 보고 (   )에 알맞은 것을 고르십시오.

〈보기〉

가: 이것은 뭐예요?

나: (   )예요.

① 책상   ❷ 의자

③ 시계   ④ 교실

1. 가: 무엇을 타요?

    나: (   )을/를 타요.

    ① 배   ② 자전거

    ③ 비행기   ④ 오토바이

2. 가: 학교에 어떻게 와요?

    나: (   ).

    ① 걸으면 와요   ② 걸어서 와요

    ③ 걷어서 와요   ④ 걷으면 와요

3. 가: 이 사람은 뭐 해요?

    나: (   ).

    ① 일해요   ② 노래해요

    ③ 공부해요   ④ 산책해요

4. 가: 어디로 여행을 가요?

    나: (   ).

    ① 제주도도 가요   ② 제주도는 가요

    ③ 제주도로 가요   ④ 제주도에서 가요

※ [5~8] 〈보기〉와 같이 밑줄 친 부분과 반대되는 뜻을 가진 것을 고르십시오.

〈보기〉
   가: 가방이 <u>있어요</u>?
   나: 아니요, (   ).
   ① 많아요   ❷ 없어요   ③ 예뻐요   ④ 커요

5. 가: 날씨가 <u>더워요</u>?
   나: 아니요, (   ).
   ① 추워요   ② 맑아요   ③ 따뜻해요   ④ 시원해요

6. 가: 지하철이 <u>빨라요</u>?
   나: 네. 버스는 차가 많으면 (   ).
   ① 느려요   ② 신어요   ③ 타요   ④ 입어요

7. 가: <u>주무세요</u>?
   나: 아니요, (   ).
   ① 잤어요   ② 기다렸어요   ③ 일어났어요   ④ 샤워했어요

8. 가: 집에서 <u>멀어요</u>?
   나: 아니요, (   ).
   ① 내려요   ② 느려요   ③ 빨라요   ④ 가까워요

※ [9~11] 〈보기〉와 같이 밑줄 친 부분의 의미와 비슷한 것을 고르십시오.

〈보기〉
   친구하고 <u>이야기해요</u>?
   ① 만나요   ❷ 말해요   ③ 들어요   ④ 읽어요

9. 제 취미는 <u>독서예요</u>.
   ① 책을 읽어요   ② 음악을 들어요   ③ 영화를 봐요   ④ 요리를 해요

10. 제 친구는 피아노를 <u>칠 수 있어요</u>.

　　① 찍을 수 있어요　　　　　　　　② 연주할 수 있어요

　　③ 감상할 수 있어요　　　　　　　④ 관람할 수 있어요

11. 집에서 학교까지 걸어서 <u>가요</u>.

　　① 다녀요　　　　② 타요　　　　③ 내려요　　　　④ 갈아타요

※ [12~14] 〈보기〉와 같이 (　　　)에 가장 알맞은 것을 고르십시오.

〈보기〉

커피를 (　　　　　).

① 가요　　　　❷ 마셔요　　　　③ 읽어요　　　　④ 공부해요

12. 내일부터 눈이 (　　　　　).

　　① 오겠습니다　　　② 맑겠습니다　　　③ 흐리겠습니다　　　④ 춥겠습니다

13. 구두는 발이 아파요. 그러니까 운동화를 (　　　　　).

　　① 신으세요　　　② 안 신어요　　　③ 신지 마세요　　　④ 신을 수 없어요

14. 가: 왜 백화점에 가요?

　　나: 친구 생일이에요. 그래서 선물을 (　　　　　).

　　① 사세요　　　② 사 봐요　　　③ 사졌어요　　　④ 사야 돼요

※ [15~18] 〈보기〉와 같이 (　　　)에 알맞은 것을 고르십시오.

〈보기〉

(　　　　　) 한국 사람입니다.

① 저를　　　　❷ 저는　　　　③ 저와　　　　④ 지에시

15. 비가 (　　　　　) 우산을 샀어요.

　　① 와서　　　② 오고　　　③ 오지만　　　④ 오려면

16. 우리 반에서 저(　　　　) 여자 친구가 있어요.

　　① 만　　　　　　② 를　　　　　　③ 가　　　　　　④ 하고

17. 가: 왕량 씨도 중국 사람이에요?

　　나: 네, 저(　　　　) 중국 사람이에요.

　　① 의　　　　　　② 도　　　　　　③부터　　　　　　④ 거나

18. 할아버지(　　　　) 주무십니다.

　　① 을　　　　　　② 에　　　　　　③ 하고　　　　　　④ 께서

※ [19~21] 〈보기〉와 같이 (　　　)에 가장 알맞은 것을 고르십시오.

〈보기〉

　　가: 지금 뭐 해요?

　　나: 친구하고 (　　　　　).

　　① 노세요　　　　　❷ 놀아요　　　　　③ 놀겠어요　　　　　④ 놀았어요

---

19. 가: 요즘 날씨가 어때요?

　　나: 지난주부터 (　　　　　).

　　① 시원해졌어요　　② 시원하겠어요　　③ 시원하려고 해요　　④ 시원해질 거예요

20. 가: 저기요, 옷을 사고 싶어요.

　　나: 이 옷 어때요? 한번 (　　　　　).

　　① 입어졌어요　　② 입어 보세요　　③ 입지 마세요　　④ 입으려고 해요

21. 가: 한국 음식을 만들고 싶어요.

　　나: 제가 (　　　　　) 도와줄까요?

　　① 만들어서　　② 만들려고　　③ 만들 수 있는데　　④ 만들거나

※ [22~23] 다음 글을 읽고 물음에 답하십시오.

> 가: 주말에 보통 뭘 해요?
> 나: 집에서 (㉠   ) 친구를 만나요. 빙빙 씨는요?
> 가: 저는 음악을 좋아해요. 그래서 음악을 (㉡   )

22. ㉠에 알맞은 것을 고르십시오.

   ① 쉬거나   ② 쉬어서   ③ 쉬는데   ④ 쉬려고

23. ㉡에 알맞은 것을 고르십시오.

   ① 들어요   ② 들어요   ③ 들으세요   ④ 들었어요

※ [24~25] 다음 글을 읽고 물음에 답하십시오.

> 가: 이건 누구의 가방이에요?
> 나: (㉠   ) 친구 가방이에요. 그런데 친구는 어디 갔어요?
> 가: 부모님께서 (㉡ 전화하다) 나갔어요.

24. ㉠ 에 알맞은 것을 고르십시오.

   ① 제   ② 저는   ③ 저만   ④ 저도

25. ㉡ 에 알맞게 고쳐 쓰세요.

   (전화하다 →   )

※ [26~29] 〈보기〉와 같이 밑줄 친 부분에 알맞은 것을 고르십시오.

> 〈보기〉
>   가: ______________________?
>   나: 네, 많아요.
>   ① 바나나를 먹어요   ❷ 바나나가 많아요
>   ③ 바나나가 맛있어요   ④ 바나나를 좋아해요

26. 가: ______________________?

나: 아니요, 저는 매운 음식을 못 먹어요.

① 매운 음식이에요

② 매운 음식이었어요

③ 매운 음식이 있어요

④ 매운 음식을 먹을 수 있어요

27. 가: 어디로 가요?

나: ______________________.

① 집으로 가려고 해요.

② 집에서 가려고 해요.

③ 도서관만 가야 돼요.

④ 도서관에서 가야 돼요.

28. 가: 어제 친구하고 뭐 했어요?

나: 카페에서 ______________________.

① 커피를 마셔서 이야기했어요

② 커피를 마시거나 이야기했어요

③ 커피를 마시는데 이야기했어요

④ 커피를 마시면서 이야기했어요

29. 아침을 안 먹어서 ______________________.

① 배가 고프요　　　　　　　② 배가 고파요

③ 배가 고퍼요　　　　　　　④ 배가 고프어요

※ [30~32] 〈보기〉와 같이 문장을 만드십시오.

〈보기〉

　갑니다, 저는, 버스를, 타고, 학교에

　→ 저는 버스를 타고 학교에 갑니다.

---

30. 숙제를, 한, 텔레비전을, 후에, 봐요

　→ ______________________

31. 여기에, 전화번호를, 주시면, 돼요, 써서

→ ____

32. 방학에, 친구와, 여행을, 돈을, 모아요, 가려고

→ ____

※ [33~35] 〈보기〉와 같이 밑줄 친 부분에 알맞은 것을 고르십시오.

〈보기〉

영화관에 갔습니다. 그리고 ____________________.

① 친구가 많았습니다

❷ 친구를 만났습니다

③ 친구가 갔습니다

④ 친구가 재미있었습니다

33. 감기에 걸렸어요. 그래서 ____________________.

① 약을 먹어야 돼요   ② 약을 먹어서 잡니다

③ 약을 먹는데 잡니다   ④ 약을 먹기 전에 자요

34. 어머니는 회사원이세요. 그래서 ____________________.

① 바쁘세요   ② 아프세요

③ 있으세요   ④ 많으세요

35. 신발이 아주 예뻐요. 하지만 ____________________ 안 샀어요.

① 비싸고   ② 비싼데

③ 비싸서   ④ 비싸거나

※ [36~37] 〈보기〉와 같이 잘못 쓴 것을 고르십시오.

〈보기〉

①학교에 있었습니다. ❷친구가 옵니다. ③같이 공부했습니다. ④재미있었습니다.

36. | ①이 사진이 우리 부모님이세요. ②부모님은 고향에 있어요. ③아버지께서 다음 주에 한국에 오세요. ④한국에 오시면 같이 여행을 할 거예요.

37. | ①아침에 일어나고 밥을 먹었어요. ②밥을 먹고 학교에 갔어요. ③오후 3시까지 한국어를 공부했어요. ④그리고 집에 와서 밥을 먹고 쉬었어요.

※ [38~40] 다음 글을 읽고 (   )에 알맞은 것을 고르십시오.

가: 빙빙 씨, 다음 주면 (㉠   방학이다) 뭐 할 거예요?
나: 저는 일본에 갈 거예요. 일본에 (㉡   가다) 돈을 모았어요.
가: 와, 정말 좋겠어요.
나: 안나 씨는 방학에 뭐 하려고 해요?
가: 저는 한국 친구를 (㉢   만나다) 같이 공부할 거예요.
나: 역시 안나 씨는 공부를 좋아해요.
가: 한국어를 잘하고 싶어요.

38. (㉠   )

① 방학인데   ② 방학이면서   ③ 방학이거나   ④ 방학이어서

39. (㉡   )

① 가고   ② 가서   ③ 가려고   ④ 간 후에

40. (㉢   )

① 만나서   ② 만나면서   ③ 만나려고   ④ 만나는데

부 록
Appendix

- 모범 답안
- 듣기 지문
- 어휘 색인
- 문법 색인

모범 답안

한글 1

듣기 1

바다, 구두, 사자, 주스, 지도

듣기 2

1) 거기	2) 바다	3) 소	4) 지도
5) 두부	6) 도시	7) 사다	8) 부두
9) 사자	10) 주스		

듣기 3

1) 바다	2) 구두	3) 도시	4) 바지
5) 주스	6) 호수		

한글 2

듣기 1

나비, 새, 모자, 노래, 오리

듣기 2

1) 나비	2) 나무	3) 새	4) 모래
5) 오리	6) 가위	7) 쥐	8) 부자
9) 아래	10) 머리		

듣기 3

1) 나무	2) 귀	3) 모자	4) 우리
5) 아래	6) 가위		

한글 3

듣기 1

포도, 피자, 타조, 카드, 호수, 배추

듣기 2

1) 파도	2) 우유	3) 호수	4) 고추
5) 사	6) 치즈	7) 코피	8) 휴지
9) 여유	10) 타조		

듣기 3

1) 파도	2) 우유	3) 치즈	4) 커피
5) 후추	6) 시계		

한글 4

듣기 1

사과, 의자, 스웨터, 뼈, 또, 토끼, 매워요, 바빠요, 쏘다, 배추

듣기 2

1) 사과	2) 왜	3) 의자	4) 뼈
5) 꼬리	6) 예의	7) 도토리	8) 토끼
9) 매워요	10) 나빠요		

듣기 3

1) 사과	2) 의사	3) 왜	4) 쏘다
5) 토끼	6) 바빠요		

한글 5

듣기 1

딸기, 수박, 김치, 물, 라면, 자전거, 비행기, 지하철

듣기 2

1) 딸기	2) 수박	3) 사랑	4) 물
5) 라면	6) 김치	7) 비행기	8) 지하철
9) 발	10) 강		

듣기 3

1) 딸기	2) 김치	3) 자전거	4) 비행기
5) 돈	6) 수박		

어휘 (44쪽)

2.
1) 한국	2) 프랑스
3) 중국	4) 베트남
5) 인도네시아	6) 영국
7) 말레이시아	8) 멕시코

3. (45쪽)

한	국	사	우	디	아	라	비	아
중	국	말	레	이	시	아	영	국
일	본	카	자	흐	스	탄	미	국
몽	골	베	트	남	인	도	태	국

문법 1 (46쪽)

1. 2) 미국 사람이에요.
   3) 인도예요.

4) 카자흐스탄이에요.
6) 한국어예요.
7) 저예요.
8) 교실이에요.

2. 1) 학교예요.　　　　2) 제주도예요.
3) 베트남 사람이에요.

문법 2 (48쪽)

1. 2) 라오스는　　　　3) 베트남은
4) 친구는　　　　6) 책상은

2. 1) 여기는 카페예요.
2) 여기는 도서관이에요.
3) 저는 일본 사람이에요.

3. 1) 저는 말레이시아 사람이에요.
2) 여기는 교실이에요.
3) 선생님은 한국 사람이에요.

문법 3 (50쪽)

1. 2) 베트남 사람입니다.　　　　3) 미국 사람입니다.
4) 중국 사람입니다.　　　　5) 운동선수입니다.
7) 경찰입니다.　　　　8) 요리사입니다.

2. 2) 여자 친구입니다.　　　　3) 선생님입니다.
4) 남자 친구입니다.　　　　5) 친구입니다.

문법 4 (52쪽)

1. 1) 회사원이 아니에요　　　　2) 의사가 아니에요
3) 학생이 아니에요　　　　4) 한국 사람이 아니에요
5) 가수가 아니에요

2. 1) 이　　　　2) 가
3) 이　　　　4) 이
5) 가　　　　6) 이

어휘・문법 연습 (54쪽)

1. 2) 베트남　　　　3) 선생님
4) 가수

2. 2) 요리사예요　　　　3) 운동선수예요
4) 사진작가예요　　　　5) 경찰이에요

3. 1) 베트남 사람이에요. 베트남 사람이 아니에요
2) 미국 사람이에요. 미국 사람이 아니에요
3) 의사예요. 의사가 아니에요
4) 한국어 선생님이에요. 한국어 선생님이 아니에요

4. 1) 는, 이, 이에요　　　　2) 는, 이에요

3) 는, 는, 이에요　　　　4) 이에요, 이
5) 이에요, 는, 이

어휘 (58쪽)

2. 3), 2), 6), 5), 4)

3. 칠판, 컴퓨터, 필통, 지갑, 공책, 볼펜, 가방, 거울, 의자, 책상.

문법 1 (60쪽)

1. 2) 필통이 있어요　　　　3) 지갑이 없어요
4) 여자 친구가 없어요　　　　5) 시계가 있어요
7) 지우개가 없어요　　　　8) 한국 친구가 있어요

2.

칠판	○	필통	○
가방	○	휴대 전화	○
지갑	○	거울	○
시계	×	화장지	×
공책	○	펜	○

문법 2 (62쪽)

1. 1) 지갑하고 가방　　　　2) 칠판하고 컴퓨터
3) 책하고 공책　　　　4) 교통 카드하고 휴대 전화
5) 필통하고 물병

2. 1) 가방하고 필통이 있어요.
2) 돈하고 교통 카드가 있어요.
3) 히엔 씨하고 제임스 씨가 있어요.
4) 커피하고 물이 있어요.

문법 3 (64쪽)

1. 2) 가방 옆　　　　3) 물병 앞
4) 의자 아래　　　　5) 가방 안
6) 교통 카드 뒤　　　　7) 책상 위
8) 바나나와 파인애플 사이　　　　9) 휴대 전화 앞

문법 4 (66쪽)

1. 2) 책이 의자 아래에 있어요
3) 필통이 책상 위에 있어요
　네, 필통이 책상 위에 있어요
4) 은행이 병원 옆에 있어요
　아니요, 은행이 병원 옆에 없어요
5) 경영관이 경제관 뒤에 있어요
　아니요, 경영관이 경제관 뒤에 없어요

2. 2) 나: 성민 씨하고 안나 씨는 휴게실에 있어요
   3) 가: 유미 씨하고 제임스 씨는 어디에 있어요
      나: 유미 씨하고 제임스 씨는 식당에 있어요
   4) 가: 아오이 씨하고 토니 씨는 어디에 있어요
      나: 아오이 씨하고 토니 씨는 도서관에 있어요

문법 5 (68쪽)

1. 2) 휴게실에 가요   3) 카페에 가요
   4) 은행에 가요   5) 학생 식당에 가요
   6) 도서관에 가요   7) 공항에 가요
   8) 명동에 가요   9) 지하철역에 가요

2. 2) 예) 지나 씨는 서점에 가요.
   3) 예) 어디에 가요? 토니 씨는 꽃 가게에 가요.
   4) 예) 어디에 가요? 성민 씨는 카페에 가요.
   5) 예) 어디에 가요? 제임스 씨는 우체국에 가요.
   6) 예) 어디에 가요? 안나 씨는 미용실에 가요.

어휘·문법 연습 (70쪽)

1. 2) 지갑   3) 화장지
   4) 기숙사   5) 영화관
   6) 미용실

2. 1) 도서관   2) 책상
   3) 가방   4) 기숙사
   5) 명동

3. 1) 에   2) 에, 이
   3) 에, 가   4) 에 있어요
   5) 가 없어요

4. 1) 하고   2) 하고
   3) 하고   4) 에, 에
   5) 에 가요, 에 가요

3과   하루 일과

어휘 (74쪽)

2. 2) ⓓ   3) ⓑ
   4) ⓕ   5) ⓔ
   6) ⓐ

3. 작아요, 많아요, 재미있어요, 재미없어요, 나빠요, 맛있어요,
   맛없어요

4. 2) 만나요   3) 마셔요

5. 1) 맛있어요   2) 재미있어요

문법 1 (76쪽)

1.

-아요/어요/여요					
작다	작아요	먹다	먹어요	공부하다	공부해요
좋다	좋아요	크다	커요	요리하다	요리해요
많다	많아요	적다	적어요	운동하다	운동해요
가다	가요	재미있다	재미있어요	청소하다	청소해요
만나다	만나요	마시다	마셔요	좋아하다	좋아해요

2. 1) 운동해요   2) 먹어요
   3) 만나요   4) 요리해요

3. 1) 먹어요   2) 요리해요
   3) 커요   4) 읽어요
   5) 많아요   6) 재미없어요

4. 1) 도서관에 사람이 많아요
   2) 한국어 공부가 재미있어요
   3) 한국어 선생님이 좋아요
   4) 제임스 씨가 운동해요

문법 2 (78쪽)

1. 2) 빵을 먹어요   3) 친구를 만나요
   4) 물을 마셔요

2. 1) 컴퓨터를 해요   2) 커피를 마셔요
   3) 영화를 봐요   4) 피자를 먹어요
   5) 책을 읽어요

문법 3 (80쪽)

1.

1	2	3	4	5	6	7	8	9	10
일	이	삼	사	오	육	칠	팔	구	십
11	12	13	14	15	16	17	18	19	20
십일	십이	십삼	십사	십오	십육	십칠	십팔	십구	이십
21	22	23	24	25	26	27	28	29	30
이십일	이십이	이십삼	이십사	이십오	이십육	이십칠	이십팔	이십구	삼십
....									
10	20	30	40	50	60	70	80	90	100
십	이십	삼십	사십	오십	육십	칠십	팔십	구십	백

2.

1월	2월	3월	4월	5월	6월	7월	8월	9월	10월	11월	12월
일월	이월	삼월	사월	오월	유월	칠월	팔월	구월	시월	십일월	십이월

3. 1) 삼월 십사일   2) 유월 육일
   3) 시월 십일   4) 십이월 이십이일
   5) 십일월 이십팔일   6) 일월 삼십일일

4. 1) 오늘은 오월 팔일이에요
2) 휴일이 오월 오일이에요
3) 생일이 오월 이십삼일이에요
4) 방학이 오월 이십육일이에요

문법 3 (82쪽)

2. 2) 두 시예요 3) 세 시예요
4) 네 시예요 5) 다섯 시예요
6) 일곱 시예요 7) 여덟 시예요
8) 열두 시예요

3.

10분	20분	30분	40분	50분
십 분	이십 분	삼십 분 =반	사십 분	오십 분

4. 2) 열두 시 이십 분 3) 두 시 십 분
5) 여덟 시 삼십 분, 여덟 6) 세 시 오십오 분

문법 4 (84쪽)

1. 2) 네 시에 공부해요
3) 여덟 시 삼십 분에 가요 (여덟시 반에 가요)
4) 두 시에 만나요
5) 아홉 시에 봐요

2. 1) 휴일에 2) 오늘
3) 내일 4) 다음 주에

3. 1) 예) 일곱 시에 일어나요
2) 예) 일곱 시 삼십 분에 샤워해요
3) 예) 여덟 시에 아침을 먹어요
4) 예) 여덟 시 삼십 분에 학교에 가요

어휘·문법 연습 (86쪽)

1. 1) 잠을 자요 2) 밥을 먹어요
3) 책을 읽어요 4) 커피를 마셔요
5) 친구를 만나요

2. 1) 한국 친구가 많아요 2) 선생님이 좋아요
3) 케이크가 맛없어요 4) 교실이 커요

3. 1) 오늘 2) 다음 주 일요일에
3) 내일 4) 주말에

4. 1) 수요일에 만나요
2) 다섯 시 오십 분에 도서관에 가요
3) 밥을 먹어요
4) 오월 이십일일이에요
5) 영화를 봐요
6) 내일 친구를 만나요

4과 음식

어휘 (91쪽)

3. 2, 1, 4, 5, 6, 3

문법 1 (92쪽)

1.

	안 (동사)		안 (형용사)	
가다	안 가요	크다	안 커요
먹다	안 먹어요	작다	안 작아요
마시다	안 마셔요	좋다	안 좋아요
청소하다	청소 안 해요	많다	안 많아요

2. 1) 신문을 안 읽어요
2) 커피를 안 좋아해요
3) 공부 안 해요
4) 아침에 운동을 안 해요
5) 오늘 한국에 안 와요

3. 1) 아니요, 커피를 안 마셔요
2) 아니요, 과일을 안 먹어요
3) 아니요, 공부 안 해요
4) 아니요, 노래 안 해요

문법 2 (94쪽)

1.

	-지 않다		-지 않다
가다	가지 않아요	크다	크지 않아요
먹다	먹지 않아요	작다	작지 않아요
마시다	마시지 않아요	좋다	좋지 않아요
청소하다	청소하지 않아요	많다	많지 않아요

2. 1) 돈이 많지 않아요
2) 옷이 크지 않아요
3) 음식이 맛있지 않아요 / 맛없어요
4) 아니요, 영화가 재미있지 않아요 / 재미없어요

3. 1) 중국어를 공부하지 않아요
2) 신문을 읽지 않아요
3) 된장찌개를 좋아하지 않아요
4) 한국 음식을 자주 먹지 않아요

문법 3 (96쪽)

1.

	-고 싶다		-고 싶다
가다	가고 싶어요	놀다	놀고 싶어요
보다	보고 싶어요	먹다	먹고 싶어요
만나다	만나고 싶어요	읽다	읽고 싶어요
운동하다	운동하고 싶어요	앉다	앉고 싶어요

2.
2) 예) 명동에 가고 싶어요
3) 예) 구두를 사고 싶어요
4) 예) 커피를 마시고 싶어요
5) 예) 가수를 만나고 싶어요

문법 4 (98쪽)

1.

	못 동사		못 동사
가다	못 가요	놀다	못 놀아요
보다	못 봐요	먹다	못 먹어요
만나다	못 만나요	읽다	못 읽어요
운동하다	운동 못 해요	요리하다	요리 못 해요

2. 1) 못 해요
   3) 못 만나요
   2) 못 먹어요
   4) 못 가요

어휘·문법 연습 (100쪽)

1. 1) 삼겹살
   3) 김밥
   5) 잡채
   7) 젓가락
   2) 냉면
   4) 떡볶이
   6) 숟가락

2. 1) 맛있다
   3) 맵다
   2) 맛없다
   4) 짜다

3. 1) 안 커요 / 크지 않아요
   2) 안 가요 / 가지 않아요
   3) 공부 안 해요 / 공부하지 않아요
   4) 안 먹고 싶어요 / 먹고 싶지 않아요

4. 1) 쇼핑하고 싶어요, 쇼핑 못 해요
   2) 커피를 마시고 싶어요, 커피를 못 마셔요
   3) 축구하고 싶어요, 축구 못 해요
   4) 공원에 가고 싶어요, 공원에 못 가요

5과 주말

어휘 (104쪽)

2. 2) 친구하고 파티해요.
   4) 쇼핑해요.
   6) 가족하고 시간을 보내요.
   3) 사진을 찍어요.
   5) 쉬어요.

3. 2) 일요일에 경복궁에 가요.
   4) 주말에 여행해요.
   3) 토요일에 텔레비전을 봐요.

문법 1 (106쪽)

1.

	-았어요/었어요/였어요		-았어요/었어요/였어요		-았어요/었어요/였어요
앉다	앉았어요	읽다	읽었어요	공부하다	공부했어요
닫다	닫았어요	쉬다	쉬었어요	산책하다	산책했어요
가다	갔어요	먹다	먹었어요	여행하다	여행했어요
사다	샀어요	마시다	마셨어요	사랑하다	사랑했어요

2. 1) 산책했어요. 그리고 쉬었어요.
   2) 공부했어요. 그리고 친구를 만났어요.
   3) 책을 읽었어요. 그리고 텔레비전을 봤어요.
   4) 운동했어요. 그리고 물을 마셨어요.

3. 1) 친구를 만났어요. 쇼핑을 했어요.
   2) 명동에 갔어요. 친구하고 밥을 먹었어요.
   3) 카페에 갔어요. 친구하고 커피를 마셨어요.
   4) 예) 산에 갔어요. 그리고 사진을 찍었어요.

4. 1) 가수였어요. 지금은 배우예요.
   2) 학생이었어요. 지금은 회사원이에요.
   3) 의사였어요. 지금은 사진작가예요.
   4) 운동선수였어요. 지금은 배우예요.

문법 2 (110쪽)

1. 2) 읽고, 봤어요
   4) 먹고, 읽었어요
   6) 마시고, 읽었어요
   3) 보고, 잤어요
   5) 보고, 했어요

2. 1) 커피를 마시고 친구를 만났어요.
   2) 공부를 하고 밥을 먹었어요.
   3) 영화를 보고 밥을 먹고 커피를 마셨어요.
   4) 샤워를 하고 텔레비전을 보고 잤어요.

문법 3 (112쪽)

1. 2) 공원에서 운동해요.
   3) 영화관에서 영화를 봐요.
   4) 교실에서 공부해요.

2. 1) 예) 교실에서 친구를 만났어요.
   2) 예) 지하철 안에서 책을 읽었어요.

3. 1) 에서
   3) 에
   5) 에서
   2) 에서
   4) 에서, 에
   6) 에, 에

문법 4 (114쪽)

1. 1) 좋지만 좀 비싸요.
   2) 재미있지만 조금 어려워요.

3) 예쁘지만 작아요.
4) 지난달에는 부산에서 살았지만 지금은 서울에서 살아요.
2. 1) 가지만
3) 맵지만
5) 한국 사람이지만
2) 배우지만
4) 비싸지만

어휘·문법 연습 (116쪽)

1. 구경해요, 사진을 찍어요, 쉬어요, 낮잠을 자요, 데이트해요

2. 1) 청소해요.
3) 박물관에 가요.
2) 축구해요.
4) 텔레비전을 봐요.

3. 1) 친구가 집에 왔어요
3) 밥을 먹었어요
2) 어디에 갔어요
4) 공부했어요

4. 1) 밥을 먹고 영화를 봤어요.
2) 좋지만 작아요.
3) 쇼핑하고 커피를 마셨어요.
4) 맛있었지만 좀 비쌌어요.
5) 한국 친구는 있지만 많지 않아요.
6) 샤워하고 자요.

6과 쇼핑

어휘 (120쪽)

2. 4, 6, 2, 5, 3, 1

3. 음료 – 우유
  옷 – 치마
  신발 – 운동화

문법 1 (122쪽)

1. 2) 삼만 팔천 원
  4) 구십이만 원
3) 칠백오십 원

2. 1) 이천 원
  2) 우유, 사천칠백 원이에요.
  3) 운동화가 얼마예요? 삼만 원이에요.
  4) 치마가 얼마예요? 이만 삼천 원이에요.
  5) 장갑이 얼마예요? 만 칠천 원이에요.

문법 2 (124쪽)

1. 한 권, 한 그릇, 두 개, 세 개, 네 명, 다섯 병, 한 마리

2. 1) 귤 다섯 개
  2) 뭘 드릴까요? 커피 두 잔 주세요.
  3) 뭘 드릴까요? 비빔밥 세 그릇 주세요.
  4) 뭘 드릴까요? 콜라 네 개 주세요.

문법 3 (126쪽)

1. 1) 교실이 커요.
  3) 백화점 옷이 비싸요.
  5) 구두가 예뻐요.
2) 영화가 재미있어요.
4) 사과가 많아요.
6) 생선이 맛있어요.

2. 1) 떡볶이가 매워요.
  3) 영화가 슬퍼요.
2) 방이 깨끗해요.
4) 책이 재미없어요.

문법 4 (128쪽)

1. 1) 빙빙 씨는 가방을 사고 토니 씨는 구두를 사요.
  2) 히엔 씨는 비빔밥을 먹고 유미 씨는 떡볶이를 먹어요.
  3) 가방이 크고 무거워요.
  4) 옷이 싸고 좋아요.

2. 1) 가볍고 예뻐요
  3) 키가 크고 예뻐요
2) 넓고 깨끗해요
4) 똑똑하고 재미있어요

어휘·문법 연습 (130쪽)

1. 1) 귤
  3) 녹차
  5) 모자
2) 딸기
4) 운동화
6) 치마

2. 2) 비싸요
  4) 예뻐요
3) 커요

3. 1) 그릇
  3) 명
  5) 잔
2) 개
4) 원
6) 개, 병

4. 1) 청소하고
  3) 커피가 맛있어요.
  5) 크고
2) 전화하고
4) 구두가 싸요.

7과 계획

어휘 (134쪽)

2. 1), 4)

문법 1 (136쪽)

1.

	-았/었어요	-아요/어요	-(으)ㄹ 거예요
가다	갔어요	가요	갈 거예요
오다	왔어요	와요	올 거예요
보다	봤어요	봐요	볼 거예요
앉다	앉았어요	앉아요	앉을 거예요
자다	잤어요	자요	잘 거예요
쓰다	썼어요	써요	쓸 거예요
공부하다	공부했어요	공부해요	공부할 거예요

	-았/었어요	-아요/어요	-(으)ㄹ 거예요
운동하다	운동했어요	운동해요	운동할 거예요
샤워하다	샤워했어요	샤워해요	샤워할 거예요
산책하다	산책했어요	산책해요	산책할 거예요

	-았/었어요	-아요/어요	-(으)ㄹ 거예요
먹다	먹었어요	먹어요	먹을 거예요
읽다	읽었어요	읽어요	읽을 거예요
열다	열었어요	열어요	열 거예요
쉬다	쉬었어요	쉬어요	쉴 거예요
배우다	배웠어요	배워요	배울 거예요
마시다	마셨어요	마셔요	마실 거예요
가르치다	가르쳤어요	가르쳐요	가르칠 거예요
요리하다	요리했어요	요리해요	요리할 거예요
여행하다	여행했어요	여행해요	여행할 거예요
청소하다	청소했어요	청소해요	청소할 거예요

2. 2) 예) 학교에서 공부를 할 거예요
3) 예) 집에서 잠을 잘 거예요
4) 예) 카페에서 커피를 마실 거예요

문법 2 (138쪽)

1. 1) 부터, 까지   2) 부터, 까지
3) 부터, 까지   4) 부터, 까지
5) 부터, 까지   6) 부터, 까지

2. 1) 12시부터 1시까지 점심시간이에요
2) 금요일부터 일요일까지 백화점 세일이에요
3) 오후 2시부터 4시까지 운동해요
4) 밤 12시까지 공부했어요

문법 3 (140쪽)

1. 2) 볼까요?   3) 읽을까요?
4) 열까요?   5) 운동할까요?
6) 만날까요?   7) 청소할까요?

2. 1) 영화를 볼까요?   2) 커피를 마실까요?
3) 놀이공원에 갈까요?   4) 고향 음식을 만들까요?

문법 4 (142쪽)

1. 2) 주말에 시간이 있으면 친구와 영화를 볼 거예요
3) 주말에 시간이 있으면 집안일을 할 거예요
4) 돈이 많으면 집을 살 거예요
5) 돈이 많으면 해외여행을 할 거예요
6) 돈이 많으면 자동차를 살 거예요

2. 1) 수업이 끝나면 도서관에 가요
2) 카페에 가면 커피를 마셔요
3) 쇼핑하고 싶으면 동대문 시장에 가요

어휘·문법 연습 (144쪽)

1. 1) 외국어를 배워요   2) 아르바이트를 해요
3) 낚시를 해요   4) 놀이공원에 가요

2. 1) 결혼할 거예요   2) 취직할 거예요
3) 돈을 모으면 뭐 할 거예요?
4) 대학교에 입학하면 뭐 할 거예요?

3. 2) 친구를 만나면 같이 영화를 볼 거예요
3) 취직하면 차를 살 거예요
4) 식당에 가면 불고기를 먹을 거예요

4. 1) 먹을까요?   2) 영화를 볼까요?
3) 공부할 거예요
4) 아홉 시부터 세 시까지 한국어를 공부해요

복습1

1. ①   2. ③   3. ②   4. ③
5. ①   6. ②   7. ③   8. ①
9. ①   10. ④   11. ②   12. ②
13. ②   14. ④   15. ①   16. ②
17. ①   18. ③   19. ②   20. ③
21. ④   22. ③   23. ①   24. ③
25. 얼마예요?   26. ③   27. ③   28. ③
29. ①
30. 이번 주말에는 집에서 쉬고 싶어요.
31. 이 식당 음식은 비싸지만 맛있어요.
32. 아침에 세수를 하고 회사에 가요.
33. ①   34. ①   35. ④   36. ②
37. ③   38. ①   39. ①   40. ③

8과   교통

어휘 (157쪽)

3. 2 – 1 – 5
6 – 3 – 4

4. 타요, 갈아타요, 내려요

문법 1 (158쪽)

1.

	-으세요		-세요
읽다	읽으세요	가다	가세요

찍다	찍으세요	오다	오세요
앉다	앉으세요	타다	타세요
받다	받으세요	내리다	내리세요
입다	입으세요	열다	여세요

2. 1) 쉬세요   2) 타세요
　 3) 앉으세요   4) 받으세요

문법 2 (160쪽)

1.

	으로		로
오른쪽	오른쪽으로	아래	아래로
왼쪽	왼쪽으로	위	위로
3층	3층으로	회사	회사로
부산	부산으로	교실	교실로

2. 1) 바다로   2) 도서관으로
　 3) 왼쪽으로   4) 3층으로

문법 3 (162쪽)

1. 2) 책을 읽으려고 해요.   3) 도서관에 가려고 해요.
　 4) 커피를 마시려고 해요.   5) 택시를 타려고 해요.
　 6) 영화를 보려고 해요.   8) 데이트하려고 해요.
　 9) 사진을 찍으려고 해요.   10) 선물을 사려고 해요.

2. 1) 생일 파티하려고 해요   2) 영화를 보려고 해요
　 3) 버스를 타려고 해요   4) 아르바이트를 하려고 해요

문법 4 (164쪽)

1. 1) 사진을 찍지 마세요.   2) 주차하지 마세요.
　 3) 휴대 전화를 하지 마세요.   4) 담배를 피우지 마세요.
　 5) 뛰지 마세요.

2. 1) 커피를 많이 마시지 마세요   2) 음식을 먹지 마세요
　 3) 이 영화를 보지 마세요   4) 전화하지 마세요
　 5) 담배를 피우지 마세요

문법 5 (166쪽)

1.

	-아야 되다		-어야 되다		-여야 되다
가다	가야 돼요	먹다	먹어야 돼요	공부하다	공부해야 돼요
자다	자야 돼요	읽다	읽어야 돼요	청소하다	청소해야 돼요
오다	와야 돼요	마시다	마셔야 돼요	운동하다	운동해야 돼요
보다	봐야 돼요	가르치다	가르쳐야 돼요	전화하다	전화해야 돼요

2. 1) 집에 가야 돼요
　 2) 타야 돼요
　 3) 공부해야 돼요
　 4) 파티에 가야 돼요

3. 1) 저는 서점에 가야 돼요
　 2) 저는 아르바이트를 해야 돼요
　 3) 저는 가족과 시간을 보내야 돼요

어휘·문법 연습 (168쪽)

1. 1) 공항   2) 버스 정류장
　 3) 지하철   4) 배
　 5) 자전거

2. 1) 타고 와요   2) 건너세요
　 3) 가까워요   4) 내리세요
　 5) 갈아타세요

3. 1) 3층으로 가세요   2) 앞으로 가세요
　 3) 지하 1층으로 가세요   4) 오른쪽으로 가세요

4. 1) 축구하려고 해요   2) 사진을 찍지 마세요
　 3) 지하 2층으로 가세요   4) 공부해야 돼요

9과   날씨와 계절

어휘 (172쪽)

2. 1) 와요   2) 더워요
　 3) 시원해요   4) 눈이 와요
　 5) 추워요   6) 맑아요

3. 2) 눈이 와요   3) 비가 와요
　 4) 비가 와요   5) 맑아요
　 6) 비가 와요   7) 흐려요
　 8) 맑아요

문법 1 (174쪽)

1.

	-습니다/ㅂ니다	-습니까/-ㅂ니까
가다	갑니다	갑니까
자다	잡니다	잡니까
마시다	마십니다	마십니까
사다	삽니다	삽니까
흐리다	흐립니다	흐립니까
비싸다	비쌉니다	비쌉니까
따뜻하다	따뜻합니다	따뜻합니까
살다	삽니다	삽니까
의자	의자입니다	의자입니까

	-습니다/ㅂ니다	-습니까/-ㅂ니까
읽다	읽습니다	읽습니까
앉다	앉습니다	앉습니까
받다	받습니다	받습니까
먹다	먹습니다	먹습니까

입다	입습니다	입습니까
좋다	좋습니다	좋습니까
맑다	맑습니다	맑습니까
맛있다	맛있습니다	맛있습니까
학생	학생입니다	학생입니까

2. 2) 커피를 마십니다   3) 식당에 갑니다
    4) 비빔밥을 먹습니다

3. 1) 이중기입니다   2) 군인입니다
    3) 맑습니다   4) 비가 옵니다

4. 1) 베트남 사람입니다. 먹습니다
    2) 신디입니다
      신디는 말레이시아 사람입니다
      가수입니다, 공부합니다
      읽습니다

문법 2 (176쪽)

1.

	-아요/어요	-았어요/-었어요	-(으)면	-고	-지만
덥다	더워요	더웠어요	더우면	덥고	덥지만
춥다	추워요	추웠어요	추우면	춥고	춥지만
가볍다	가벼워요	가벼웠어요	가벼우면	가볍고	가볍지만
무겁다	무거워요	무거웠어요	무거우면	무겁고	무겁지만
어렵다	어려워요	어려웠어요	어려우면	어렵고	어렵지만
쉽다	쉬워요	쉬웠어요	쉬우면	쉽고	쉽지만
돕다	도와요	도왔어요	도우면	돕고	돕지만
입다	입어요	입었어요	입으면	입고	입지만

2. 1) 더워요, 추워요
    2) 어려워요, 쉬워요
    3) 가방이 무거워요, 가방이 가벼워요

3. 1) 어려워요   2) 추워요
    3) 쉬워요   4) 더워요

4. 1) 예) 수학 문제가 어려워요
        시험이 어려워요
    2) 예) 요리가 쉬워요
        한국어가 쉬워요
    3) 예) 옷이 가벼워요
        휴대 전화가 가벼워요

문법 3 (178쪽)

1.

	-아지다/어지다/여지다		-아지다/어지다/여지다
좋다	좋아졌어요	예쁘다	예뻐졌어요
높다	높아졌어요	비싸다	비싸졌어요
춥다	추워졌어요	싸다	싸졌어요
덥다	더워졌어요	따뜻하다	따뜻해졌어요
많다	많아졌어요	시원하다	시원해졌어요
없다	없어졌어요	크다	커졌어요
똑똑하다	똑똑해졌어요	바쁘다	바빠졌어요

2. 1) 많아졌어요   2) 따뜻해졌어요
    3) 싸졌어요   4) 복잡해졌어요

3. 2) 해가 없어졌어요   3) 오리가 많아졌어요
    4) 꽃이 없어졌어요

문법 4 (180쪽)

1. 1) 재미있겠어요   2) 시원하겠어요
    3) 좋아하겠어요   4) 힘들겠어요
    5) 좋겠어요   6) 비가 오겠어요

2. 1) 맵겠어요   2) 재미있겠어요
    3) 무겁겠어요   4) 어렵겠어요

3. 2) 예) 광주는 내일 비가 오겠습니다
    3) 예) 제주도는 내일 맑겠습니다
    4) 예) 강릉은 내일 맑겠습니다
    5) 예) 대구는 내일 맑겠습니다
    6) 예) 울릉도는 내일 흐리겠습니다

어휘·문법 연습 (182쪽)

1. 1) 흐려요   2) 추워요
    3) 맑아요   4) 더워요
    5) 비가 와요   6) 눈이 와요

2. 1) 봄, 이에요, 봄   2) 겨울, 을, 겨울, 이
    3) 가을, 가을   4) 우기, 와, 건기, 가, 우기, 건기
    5) 여름, 이

3. 춥습니다. 겹습니다. 좋아합니까? 좋아합니다. 좋습니다. 좋아합니다.
    있습니다. 않습니까? 않습니다. 재미있습니다.

4. 1) 가벼워요, 무거워요
    2) 추워졌어요
    3) 많아졌어요
    4) 맑겠습니다, 비가 오겠습니다

어휘 (186쪽)

2. ② 숙소를 정해요　③ 예약해요　④ 짐을 싸요
　　⑤ 출발해요　　　⑥ 짐을 풀어요　⑧ 기념품을 사요

3. 2 - 3 - 1 - 5 - 4 - 6

문법 1 (188쪽)

1.

	-아/아/여 보다		-아/어/여 보다		-아/어/여 보다
가다	가 보세요	먹다	먹어 보세요	공부하다	공부해 보세요
오다	와 보세요	마시다	마셔 보세요	운동하다	운동해 보세요
찾다	찾아 보세요	배우다	배워 보세요	요리하다	요리해 보세요
앉다	앉아 보세요	읽다	읽어 보세요	청소하다	청소해 보세요
사다	사 보세요	쓰다	써 보세요	여행하다	여행해 보세요
놀다	놀아 보세요	가르치다	가르쳐 보세요	산책하다	산책해 보세요

2. 2) 배워 보세요　　　　3) 먹어 보세요
　　4) 앉아 보세요　　　　5) 가 보세요

문법 2 (190쪽)

1.

	-아/아/여 보다		-아/어/여 보다		-아/어/여 보다
가다	가 봤어요	먹다	먹어 봤어요	공부하다	공부해 봤어요
오다	와 봤어요	마시다	마셔 봤어요	구경하다	구경해 봤어요
찾다	찾아 봤어요	기다리다	기다려 봤어요	사용하다	사용해 봤어요
사다	사 봤어요	가르치다	가르쳐 봤어요	요리하다	요리해 봤어요
앉다	앉아 봤어요	배우다	배워 봤어요	청소하다	청소해 봤어요
놀다	놀아 봤어요	읽다	읽어 봤어요	여행하다	여행해 봤어요
만나다	만나 봤어요	입다	입어 봤어요	산책하다	산책해 봤어요

2. 1) 네, 먹어 봤어요. 아니요, 안 먹어 봤어요
　　2) 네, 가 봤어요. 아니요, 안 가 봤어요
　　3) 네, 만나 봤어요. 아니요, 안 만나 봤어요
　　4) 네, 가 봤어요. 아니요, 안 가 봤어요

문법 3 (192쪽)

1.

	-아요/어요/ 여요	-아서/어서/여서
많다	많아요	많아서
좋다	좋아요	좋아서
작다	작아요	작아서
비싸다	비싸요	비싸서
크다	커요	커서
예쁘다	예뻐요	예뻐서
적다	적어요	적어서
맛있다	맛있어요	맛있어서
재미있다	재미있어요	재미있어서

	-아요/어요/여요	-아서/어서/ 여서
가다	가요	가서
앉다	앉아요	앉아서
자다	자요	자서
만나다	만나요	만나서
먹다	먹어요	먹어서
배우다	배워요	배워서
쓰다	써요	써서
마시다	마셔요	마셔서
기다리다	기다려요	기다려서

	-아요/어요/여요	-아서/어서/ 여서
공부하다	공부해요	공부해서
운동하다	운동해요	운동해서
시원하다	시원해요	시원해서
사랑하다	사랑해요	사랑해서
좋아하다	좋아해요	좋아해서
여행하다	여행해요	여행해서
복잡하다	복잡해요	복잡해서
깨끗하다	깨끗해요	깨끗해서
따뜻하다	따뜻해요	따뜻해서

2. 2) 길이 막혀서 학교에 늦었어요
　　3) 시험이 있어서 도서관에서 공부해요
　　4) 밥을 많이 먹어서 배가 아파요
　　5) 피곤해서 집에서 쉴 거예요
　　6) 너무 비싸서 안 샀어요

문법 4 (194쪽)

1. 1) 영화를 보거나 친구를 만나요
　　2) 운동하거나 드라마를 봐요
　　3) 밥을 먹거나 커피를 마셔요

2. 1) 쇼핑을 하거나 영화를 봐요
　　2) 도서관에 가거나 카페에서 커피를 마셔요
　　3) 대학교에 입학하거나 취직할 거예요
　　4) 지하철이나 버스를 타고 와요

1. 출발해요. 길을 물어요. 짐을 싸요. 도착해요. 계획해요.

2. 1) 유명해요
　 3) 짐을 풀고 싶어요
　 2) 추천하고 싶어요
　 4) 기념품을 사요

3. 1) 음악을 듣거나 영화를 봐요
　 2) 바다에서 수영하거나 해산물을 먹을 거예요
　 3) 여행을 가거나 아르바이트를 하고 싶어요
　 4) 옷이나 가방을 받고 싶어요

4. 1) 아파서 학교에 안 갔어요
　 2) 입어 봤어요? 입어 봤어요. 안 입어 봤어요
　 3) 선물을 받아서
　 4) 먹어 보세요
　 5) 눈이 와서 겨울을 좋아해요

11과　가족

어휘 (201쪽)

3. 1) 형, 동생
　 3) 이모
　 5) 누나
　 2) 어머니
　 4) 딸
　 6) 남편

문법 1 (202쪽)

1. 1) 형의 나이
　 3) 왕량의 부모님
　 5) 선생님의 안경
　 7) 제임스의 키
　 2) 내 이름
　 4) 아버지의 차
　 6) 한국의 음식
　 8) 신발의 가격

2. 2) 아오이의 휴대 전화예요
　 3) 안나의 가방이에요
　 4) 왕량의 우산이에요
　 5) 히엔의 커피예요

문법 2 (204쪽)

1. 2) 저　　3) 이
　 4) 그　　5) 저
　 6) 이

2. 1) ①　　2) ⑤
　 3) ②　　4) ③
　 5) ⑥　　6) ④

문법 3 (206쪽)

1.

	-(으)십니다	-(으)세요	-(으)셨어요
보다	보십니다	보세요	보셨어요

	가십니다	가세요	가셨어요
가다	가십니다	가세요	가셨어요
받다	받으십니다	받으세요	받으셨어요
바쁘다	바쁘십니다	바쁘세요	바쁘셨어요
많다	많으십니다	많으세요	많으셨어요

	-(이)십니다	-(이)세요	-(이)셨어요
의사	의사십니다	의사세요	의사셨어요
경찰	경찰이십니다	경찰이세요	경찰이셨어요
회사원	회사원이십니다	회사원이세요	회사원이셨어요

2. 2) 요리를 하십니다
　 4) 책을 읽으십니다
　 6) 자전거를 타십니다
　 3) 전화를 하십니다
　 5) 가르치십니다

3. 1) 8시에 오세요
　 3) 회사원이세요
　 5) 편찮으세요
　 2) 도서관에 가셨어요
　 4) 나이가 어떻게 되세요

문법 4 (208쪽)

1. 1) 어머니께서 한국에 오십니다
　 2) 선생님께서 영화를 좋아하세요
　 3) 할아버지께서 커피를 드세요
　 4) 할머니께서 음악을 들으세요

2. 1) 할아버지께서 주무세요
　 2) 할머니께서 연세가 어떻게 되세요
　 3) 어머니께서 음식을 만드셨어요
　 4) 할머니께서 여행을 가셨어요

3. 1) 예) 아버지께서 전화를 하십니다
　 2) 예) 할머니께서 커피를 드십니다
　 3) 예) 어머니께서 커피를 드십니다
　 4) 예) 고모께서 음악을 들으십니다

어휘·문법 연습 (210쪽)

1. 1) 할아버지
　 3) 외할아버지
　 5) 고모
　 7) 삼촌, 작은 아버지
　 9) 이모
　 2) 할머니
　 4) 외할머니
　 6) 큰아버지
　 8) 외삼촌

2. 아들, 아내, 딸

3. 1) 말씀하셨어요.
　 3) 계세요?
　 5) 댁이
　 2) 성함이
　 4) 연세가

4. 1) 연세
　 3) 성함
　 2) 댁
　 4) 계세요

5. 1) 히엔의 모자예요
　 2) 선생님의 시계예요

3) 아오이의   4) 제 책이에요

6. 1) 이 사람은 누구예요
   2) 이 커피는 누구의 커피예요
   3) 그 꽃을 왜 샀어요

12과   취미

어휘 (214쪽)

2. 2) 운동 하다   3) 기타 치다
   4) 스키 타다   5) 피아노 치다
   6) 탁구 치다   7) 자전거 타다
   8) 연주 하다

3. 2) 여행하고 음악 감상이에요
   3) 사진 찍기하고 운동이에요
   4) 영화 감상하고 요리예요

문법 1 (216쪽)

1.

	-(으)ㄹ 수 있어요	-(으)ㄹ 수 없어요
읽다	읽을 수 있어요	읽을 수 없어요
찾다	찾을 수 있어요	찾을 수 없어요
받다	받을 수 있어요	받을 수 없어요
먹다	먹을 수 있어요	먹을 수 없어요
만들다	만들 수 있어요	만들 수 없어요

	-(으)ㄹ 수 있어요	-(으)ㄹ 수 없어요
가다	갈 수 있어요	갈 수 없어요
자다	잘 수 있어요	잘 수 없어요
치다	칠 수 있어요	칠 수 없어요
운동하다	운동할 수 있어요	운동할 수 없어요
요리하다	요리할 수 있어요	요리할 수 없어요

3. 1) 먹을 수 있어요
   2) 아르바이트를 할 수 있어요
   3) 받을 수 있어요
   4) 연주할 수 있어요

문법 2 (218쪽)

1. 1) 우체국도 있고 은행도 있어요
   2) 유미코 씨도 일본 사람이고 아오이 씨도 일본 사람이에요
   3) 청계천에도 가고 경복궁에도 갔어요
   4) 커피도 마시고 밥도 먹었어요

2. 1) 중국 사람도 있고 베트남 사람도 있어요
   2) 비빔밥도 좋아하고 김밥도 좋아해요
   3) 값도 싸고 음식도 맛있어요
   4) 아버지도 군인이시고 어머니도 군인이세요

문법 3 (220쪽)

1.

	-아요/어요/여요	-았어요/었어요/였어요	-아서/어서/여서	-(으)세요	-습니다
듣다	들어요	들었어요	들어서	들으세요	듣습니다
걷다	걸어요	걸었어요	걸어서	걸으세요	걷습니다
묻다	물어요	물었어요	물어서	물으세요	묻습니다
닫다	닫아요	닫았어요	닫아서	닫으세요	닫습니다
받다	받아요	받았어요	받아서	받으세요	받습니다

2. 1) 물어 보세요   2) 들어요, 들어요
   3) 걸어서   4) 닫을까요

3. 1) 걷고 싶어요   2) 들어요
   3) 물어 보세요   4) 입으세요

문법 4 (222쪽)

1.

	-(으)면서		-(으)면서		-이면서
읽다	읽으면서	마시다	마시면서	선생님	선생님이면서
듣다	들으면서	자다	자면서	학생	학생이면서
입다	입으면서	가다	가면서	사람	사람이면서
좋다	좋으면서	비싸다	비싸면서	카페	카페이면서/카페면서
가볍다	가벼우면서	크다	크면서	여자	여자이면서/여자면서
많다	많으면서	살다	살면서	바다	바다이면서/바다면서

2. 1) 커피를 마시면서 이야기했어요
   2) 전화하면서 텔레비전을 봐요
   3) 싸면서 맛있어요
   4) 가수이면서/가수면서 배우예요

3. 예) 에디는 시계를 보면서 청소를 해요
   하민은 빵을 먹으면서 신문을 읽어요
   유미는 주스를 마시면서 전화해요

어휘·문법 연습 (224쪽)

1. 2) 음악 감상이에요   3) 영화 감상이에요
   4) 독서예요   5) 운동이에요
   6) 그림 그리기예요

2. 2) 액션 영화   3) 로맨틱 영화
   5) 소설   6) 시

3. 1) 축구도 할 수 있어요
   2) 기타도 칠 수 있어요
   3) 말레이시아 음식도 만들 수 있어요

4) 두 그릇도 먹을 수 있어요

4. 1) 음악을 들으면서 청소해요
   2) 걸으면서 커피를 마셨어요
   3) 한국 사람의 이야기를 많이 들으면서 연습해요
   4) 영화를 보면서 많이 웃었어요

13과 건강

어휘 (229쪽)

3. 2) 배탈이 나요
   4) 머리가 아파요
   6) 열이 나요
   8) 배가 아파요

   3) 몸살이 나요
   5) 콧물이 나요
   7) 기침을 해요

문법 1 (230쪽)

1.

	-아요/어요/여요	-았어요/었어요/였어요	-아서/어서/여서	-ㅂ/습니다
바쁘다	바빠요	바빴어요	바빠서	바쁩니다
아프다	아파요	아팠어요	아파서	아픕니다
나쁘다	나빠요	나빴어요	나빠서	나쁩니다
배고프다	배고파요	배고팠어요	배고파서	배고픕니다
슬프다	슬퍼요	슬펐어요	슬퍼서	슬픕니다
예쁘다	예뻐요	예뻤어요	예뻐서	예쁩니다
크다	커요	컸어요	커서	큽니다
끄다	꺼요	껐어요	꺼서	끕니다
쓰다	써요	썼어요	써서	씁니다

2. 1) 써요
   3) 바빠요
   5) 예뻐요

   2) 커요
   4) 아파요

3. 1) 꺼야 돼요
   3) 썼어요

   2) 아파요
   4) 슬퍼서

문법 2 (232쪽)

1. 1) 책만 있어요
   3) 저녁에만 운동해요

   2) 축구만 좋아해요
   4) 도서관에서만 공부해요

2. 1) 미나만 있어요
   3) 테니스만 배워요

   2) 구두만 사요

문법 3 (234쪽)

1. 2) 수영하기 전에 준비 운동을 해요
   3) 쇼핑하기 전에 돈을 찾아요
   4) 데이트하기 전에 꽃을 사요

2. 2) 출발하기 전에
   4) 시험 보기 전에

   3) 영화를 보기 전에

3. 1) 학교에 오기 전에
   3) 영화를 보기 전에

   2) 잠을 자기 전에
   4) 여행을 가기 전에

문법 4 (236쪽)

1. 2) 학교에 간 후에
   4) 집에서 쉰 후에
   6) 창문을 연 후에
   8) 커피를 마신 후에

   3) 옷을 입은 후에
   5) 음식을 만든 후에
   7) 전화를 받은 후에

2. 저녁을 먹어요. 저녁을 먹은 후에 공부해요. 공부한 후에 텔레비전을 봐요.
   텔레비전을 본 후에 이를 닦아요. 이를 닦은 후에 잠을 자요.

어휘·문법 연습 (238쪽)

1. 2) 목이 아파요
   4) 콧물이 나요
   6) 머리가 아파요

   3) 열이 나요
   5) 기침을 해요

2. 1) 열이 나요
   3) 감기에 걸렸어요

   2) 배탈이 났어요
   4) 병원에 가요

3. 1) 기분이 나빠요
   3) 공책에 써서

   2) 허리만 아파요
   4) 선생님만 한국 사람이에요

4. 1) 예) 공부한 후에 친구를 만나요. 학교에 가기 전에 친구를 만나요.
   2) 예) 집에 온 후에 공부를 해요. 자기 전에 공부를 해요.
   3) 예) 밥을 먹은 후에 커피를 마셔요. 공부하기 전에 커피를 마셔요.
   4) 예) 일어난 후에 물을 마셔요. 밥을 먹기 전에 물을 마셔요.

14과 방학과 휴가

어휘 (242쪽)

2. 2) 아르바이트를 해요.
   4) 신나게 놀아요.
   6) 고향에 다녀와요.
   8) 운동을 시작해요.

   3) 대청소를 해요.
   5) 한국어를 연습해요.
   7) 요리를 배워요.
   9) 여행을 가요.

3. 2) 신나게 놀 거예요
   4) 드라마를 봤어요
   6) 고향에 다녀오려고 합니다
   8) 한국어를 연습해요

   3) 쭉 쉬려고 해요
   5) 대청소를 해요
   7) 아르바이트를 할 거예요

문법 1 (244쪽)

1. 1) 한강 공원에 가서 자전거를 탔어요
   2) 고향 음식을 만들어서 친구들과 함께 먹었어요
   3) 도서관에 가서 책을 빌리려고 해요

4) 돈을 모아서 여행을 가려고 해요

2. 3) 예) 아침에 일어나서 밥을 먹었어요
   4) 예) 서점에 가서 책을 샀어요
   5) 예) 밖에 나가서 산책을 했어요
   6) 예) 친구를 만나서 산책을 했어요

3. 1) 먹고　　　　　　　　　2) 찍어서
   3) 듣고　　　　　　　　　4) 하고
   5) 와서　　　　　　　　　6) 내려서

문법 2 (246쪽)

1.

	-(으)려고		-(으)려고
먹다	먹으려고	가다	가려고
찾다	찾으려고	오다	오려고
받다	받으려고	만나다	만나려고
씻다	씻으려고	알다	알려고
읽다	읽으려고	돕다	도우려고

2. 2) 건강해지려고 채소를 먹어요.
   3) 대학교에 들어가려고 한국어를 공부해요.
   4) 책을 읽으려고 서점에서 책을 사요.
   5) 통장을 만들려고 은행에 가요.
   6) 옷을 사려고 백화점에 가요.

3. 1) 친구하고 같이 먹으려고 음식을 많이 만들어요
   2) 우산을 가져가려고 집에 다시 들어가요
   3) 한국어 선생님이 되려고 한국어 공부를 시작했어요
   4) 약속 시간을 바꾸려고 전화했어요

문법 3 (248쪽)

1.

	-(으)ㄴ데/는데		-(으)ㄴ데/는데		-(으)ㄴ데/는데
보다	보는데	많다	많은데	의사이다	의사인데
가다	가는데	작다	작은데	친구이다	친구인데
받다	받는데	바쁘다	바쁜데	한국 사람이다	한국 사람인데
씻다	씻는데	아프다	아픈데	책상이다	책상인데

2. 1) 형은 자전거를 타는데 동생을 못 타요
   2) 저는 버스를 타는데 친구는 지하철을 타요
   3) 제임스는 공부를 하는데 토니는 음악을 들어요
   4) 고기는 먹는데 채소는 안 먹어요

3. 1) 1년 전에는 남자 친구가 있었는데 헤어졌어요
   2) 1년 전에는 인터넷 게임을 자주 했는데 요즘은 게임을 하지
      않아요
   3) 1년 전에는 한글도 몰랐는데 요즘은 한국어를 잘해요

문법 4 (250쪽)

1. 2) 배고픈데 같이 밥 먹으러 갈까요?
   3) 영화표가 있는데 같이 볼까요?
   4) 치마를 샀는데 마음에 안 들어요.
   5) 비가 많이 오는데 우산이 없어요?
   6) 구두가 비싼데 살 거예요?

2. 1) 영화를 봤는데
   2) 한국 음식을 만들려고 하는데
   3) 날씨가 추운데
   4) 제 친구인데

어휘·문법 연습 (252쪽)

1. 1) ❷　　　　　　　　　2) ❸
   3) ❹
   4) ❺
   5) ❶

2. 2) 반가웠어요　　　　　3) 화가 나셨어요
   4) 힘들었어요　　　　　5) 부러웠어요

3. 1) 방학인데　　　　　　2) 겨울인데
   3) 가려고　　　　　　　4) 빌려서

4. 1) ③ 읽으려고　　　　　2) ② 샀는데
   3) ② 가서　　　　　　　4) ③ 없는데
   5) ④ 닫을까요?

복습2

1. ③	2. ②	3. ③	4. ③
5. ①	6. ①	7. ③	8. ④
9. ①	10. ②	11. ①	12. ①
13. ①	14. ④	15. ①	16. ①
17. ②	18. ④	19. ①	20. ②
21. ③	22. ①	23. ①	24. ①
25. 전화하셔서	26. ④	27. ①	28. ④
29. ②			

30. 숙제를 한 후에 텔레비전을 봐요.

31. 여기에 전화번호를 써서 주시면 돼요.

32. 방학에 친구와 여행을 가려고 돈을 모아요.

33. ①	34. ①	35. ③	36. ②
37. ①	38. ①	39. ③	40. ①

듣기 지문

한글 1

듣기 1 잘 듣고 맞는 단어를 골라 선으로 연결하세요. (19쪽)
Track 04

바다, 구두, 사자, 주스, 지도

듣기 2 잘 듣고 맞는 것에 체크하세요. (19쪽) **Track 05**
1) 거기 2) 바다 3) 소 4) 지도
5) 두부 6) 도시 7) 사다 8) 부두
9) 사자 10) 주스

듣기 3 잘 듣고 쓰세요. (19쪽) **Track 06**
1) 바다 2) 구두 3) 도시 4) 바지
5) 주스 6) 호수

한글 2

듣기 1 잘 듣고 맞는 단어를 골라 선으로 연결하세요. (24쪽)
Track 10

나비, 새, 모자, 노래, 오리

듣기 2 잘 듣고 맞는 것에 체크 하세요. (24쪽) **Track 11**
1) 나비 2) 나무 3) 새 4) 모래
5) 오리 6) 가위 7) 쥐 8) 부자
9) 아래 10) 머리

듣기 3 잘 듣고 쓰세요. (24쪽) **Track 12**
1) 나무 2) 귀 3) 모자 4) 우리
5) 아래 6) 가위

한글 3

듣기 1 잘 듣고 맞는 단어를 골라 선으로 연결하세요. (29쪽)
Track 16

포도, 피자, 타조, 카드, 호수, 배추

듣기 2 잘 듣고 맞는 것에 체크 하세요. (29쪽) **Track 17**
1) 파도 2) 우유 3) 호수 4) 고추
5) 사 6) 치즈 7) 코피 8) 휴지
9) 여유 10) 타조

듣기 3 잘 듣고 쓰세요. (29쪽) **Track 18**
1) 파도 2) 우유 3) 치즈 4) 커피
5) 후추 6) 시계

한글 4

듣기 1 잘 듣고 맞는 단어를 골라 선으로 연결하세요. (34쪽)
Track 22

사과, 의자, 스웨터, 뼈, 또, 토끼, 매워요, 바빠요, 쏘다, 배추

듣기 2 잘 듣고 맞는 것에 체크하세요. (34쪽) **Track 23**
1) 사과 2) 왜 3) 의자 4) 뼈
5) 꼬리 6) 예의 7) 도토리 8) 토끼
9) 매워요 10) 나빠요

듣기 3 잘 듣고 쓰세요. (34쪽) **Track 24**
1) 사과 2) 의사 3) 왜 4) 쏘다
5) 토끼 6) 바빠요

한글 5

듣기 1 잘 듣고 맞는 단어를 골라 선으로 연결하세요. (37쪽)
Track 27

딸기, 수박, 김치, 물, 라면, 자전거, 비행기, 지하철

듣기 2 잘 듣고 맞는 것에 체크하세요. (37쪽) **Track 28**
1) 딸기 2) 수박 3) 사랑 4) 물
5) 라면 6) 김치 7) 비행기 8) 지하철
9) 발 10) 강

듣기 3 잘 듣고 쓰세요. (37쪽) **Track 29**
1) 딸기 2) 김치 3) 자전거 4) 비행기
5) 돈 6) 수박

1과 자기소개

2. 잘 듣고 알맞게 쓰세요. (44쪽) **Track 30**
1) 한국 2) 프랑스 3) 중국 4) 베트남
5) 인도네시아 6) 영국 7) 말레이시아 8) 멕시코

2과 물건과 장소

2. 잘 듣고 알맞은 번호를 쓰세요. (59쪽) **Track 31**
1) 책 2) 지갑 3) 의자 4) 칠판
5) 가방 6) 물병

4과　　음식

3. 잘 듣고 알맞은 번호를 쓰세요. (91쪽)　　**Track 32**

1) 저는 불고기를 좋아해요.
2) 비빔밥이 있어요.
3) 떡볶이를 좋아해요?
4) 삼계탕이에요.
5) 저하고 빙빙은 피자를 좋아해요.
6) 점심에 김밥을 먹어요.

5과　　주말

2. 잘 듣고 알맞게 쓰세요. (104쪽)　　**Track 33**

1) 유미 씨는 산책해요.
2) 뚜언 씨는 친구하고 파티해요.
3) 빙빙 씨는 사진을 찍어요.
4) 왕량 씨는 쇼핑해요.
5) 히엔 씨는 쉬어요.
6) 성민 씨는 가족하고 시간을 보내요.

6과　　쇼핑

2. 잘 듣고 그림에 번호를 쓰세요. (121쪽)　　**Track 34**

1) 운동화　　2) 녹차　　3) 치마　　4) 수박
5) 사요　　6) 줘요

3. 무엇을 자주 사요? 잘 듣고 물건의 이름을 쓰세요. (121쪽)
　　Track 35

1) 가: 무슨 과일을 자주 사요?
　 나: 저는 사과를 자주 사요.

2) 가: 무슨 음료를 자주 사요?
　 나: 저는 우유를 자주 사요.

3) 가: 무슨 옷을 자주 사요?
　 나: 저는 치마를 자주 사요.

4) 가: 무슨 신발을 자주 사요?
　 나: 저는 운동화를 자주 사요.

7과　　계획

**2. 한국 대학생들이 방학에 무엇을 해요? 잘 듣고 모두 ✓
하세요.** (134쪽)　　**Track 36**

가: 한국 대학생들은 방학에 뭐 해요?
나: 보통, 친구들하고 여행을 해요.

8과　　교통

3. 잘 듣고 알맞은 번호를 쓰세요. (157쪽)　　**Track 37**

1) 저는 서점에 지하철을 타고 가요.
2) 학교에 걸어서 다녀요.
3) 길을 건너요.
4) 버스에서 내려요.
5) 회사에 걸어서 가요.
6) 지하철을 갈아타요.

9과　　날씨와 계절

2. 잘 듣고 알맞게 쓰세요. (172쪽)　　**Track 38**

1) 비가 와요.
2) 오늘은 더워요.
3) 날씨가 시원해요.
4) 눈이 와요.
5) 요즘은 추워요.
6) 하늘이 맑아요.

10과　　여행

2. 잘 듣고 알맞게 쓰세요. (186쪽)　　**Track 39**

1) 계획해요.
2) 숙소를 정해요.
3) 예약해요.
4) 짐을 싸요.
5) 출발해요.
6) 짐을 풀어요.
7) 구경해요.
8) 기념품을 사요.

11과　　가족

3. 잘 듣고 알맞게 쓰세요. (201쪽)　　**Track 40**

1) 형하고 동생이 있어요.
2) 어머니가 보고 싶어요.
3) 저는 이모를 가장 좋아해요.
4) 딸이 한 명 있어요.
5) 누나는 없어요.
6) 남편이 왔어요.

2. 잘 듣고 누구의 물건인지 연결하세요. 그리고 문장을 쓰세요.
　(203쪽)　　　　　　　　　　　　　　　　　　　**Track 41**

　　가: 이건 누구의 우산이에요?
　　나: 왕량의 우산이에요.
　　가: 휴대 전화는 누구 거예요?
　　나: 아오이 거예요.
　　가: 커피는 누구 거예요?
　　나: 히엔의 커피예요.
　　가: 이것은 누구의 농구공이에요?
　　나: 제임스의 농구공이에요.
　　가: 그럼, 이건 누구의 가방이에요?
　　나: 아, 그건 안나의 가방이에요.

14과　방학과 휴가

3. **잘 듣고 알맞게 쓰세요.** (243쪽)　　　　　　**Track 42**

　　1) 저는 주말에 외국어를 공부해요.
　　2) 이번 일요일에 신나게 놀 거예요.
　　3) 오늘부터 운동을 시작할 거예요.
　　4) 어제는 요리를 배웠어요.
　　5) 친구하고 같이 대청소를 해요.
　　6) 연휴에 고향에 다녀오려고 합니다.
　　7) 카페에서 아르바이트를 할 거예요.
　　8) 한국 친구하고 같이 한국어를 연습해요.

어휘 색인

어휘	출현 과	출현 부분	쪽
가방	2과	어휘	58
가슴	13과	어휘	228
가져가다	14과	문법 2	247
가족하고 시간을 보내다	5과	어휘	104
갈아타다	8과	어휘	156
감기에 걸리다	13과	어휘	228
걸어서 가다/오다/다니다	8과	어휘	156
계획하다	10과	어휘	186
고모	11과	어휘	200
고속버스	8과	어휘	156
고향에 다녀오다	14과	어휘	242
공부하다	3과	문법 1	76
공책	2과	어휘	58
과일	6과	어휘	120
교통 카드	2과	어휘	58
구경하다	5과	어휘	104
구두	6과	어휘	120
귀	13과	어휘	228
귤	6과	어휘	120
그림 그리기	12과	어휘	214
기념품을 사다	10과	어휘	186
기차	8과	어휘	156
기침을 하다	13과	어휘	228
기타	12과	어휘	214
길을 건너다	8과	어휘	156
길을 묻다	10과	어휘	186
김밥	4과	어휘	90
김치찌개	4과	어휘	90
깨끗하다	4과	문법 2	94
나	11과	어휘	200
나쁘다	3과	어휘	75
남편	11과	어휘	200
낮잠을 자다	5과	어휘	104
내리다	8과	어휘	156
냉면	4과	어휘	90
너무	4과	문법 4	99
넓다	6과	문법 4	128
녹차	6과	어휘	120
농구	12과	어휘	214
누나	11과	어휘	200
눈	13과	어휘	228
눈이 오다	9과	어휘	172
다리	4과	문법 4	99
닫다	5과	문법 1	106

어휘	출현 과	출현 부분	쪽
담배	8과	문법 4	164
대청소를 하다	14과	어휘	242
덥다	9과	어휘	172
데이트하다	5과	어휘	104
도시	11과	문법 1	203
도착하다	10과	어휘	186
독서	12과	어휘	214
독일	1과	어휘	44
동생	11과	어휘	200
된장찌개	4과	어휘	90
드라마	3과	문법 4	84
따뜻하다	9과	어휘	172
딸	11과	어휘	200
딸기	6과	어휘	120
떡볶이	4과	어휘	90
똑똑하다	6과	문법 4	128
뛰다	8과	문법 4	164
라면	4과	어휘	90
마시다	3과	어휘	74
만나다	3과	어휘	74
많다	3과	어휘	75
말레이시아	1과	어휘	44
맛없다	3과	어휘	75
맛있다	3과	어휘	75
머리	13과	어휘	228
먹다	3과	어휘	74
멕시코	1과	어휘	44
명절	7과	어휘	134
모르다	14과	문법 3	249
모으기	12과	어휘	214
모자	6과	어휘	120
목	13과	어휘	228
몸살이 나다	13과	어휘	228
몽골	1과	어휘	44
무슨	4과	어휘	91
문제	9과	문법 2	177
묻다	12과	문법 3	220
물건을 사다	6과	어휘	120
물건을 팔다	6과	어휘	120
물병	2과	어휘	58
미국	1과	어휘	44
바다에 가다	7과	어휘	134
바람이 불다	9과	어휘	172
바지	6과	어휘	120

어휘	출현 과	출현 부분	쪽
받다	8과	어휘	120
발	13과	어휘	228
방학	3과	문법 3	81
배	8과	어휘	156
배	13과	어휘	228
배탈이 나다	13과	어휘	228
버스	8과	어휘	156
베트남	1과	어휘	44
보통	5과	어휘	105
복잡하다	9과	문법 3	179
볼펜	2과	어휘	58
불고기	4과	어휘	90
비가 오다	9과	어휘	172
비빔밥	4과	어휘	90
비행기	8과	어휘	156
빨리	9과	어휘문법연습	182
사과	6과	어휘	120
사랑하다	5과	문법 1	106
사우디아라비아	1과	어휘	44
사진 찍기	12과	어휘	214
사진을 찍다	5과	어휘	104
산에 가다	7과	어휘	134
산책을 하다	7과	어휘	134
산책하다	5과	어휘	104
삼겹살	4과	어휘	90
삼계탕	4과	어휘	90
삼촌	11과	어휘	200
생일	3과	문법 3	81
생일 파티하다	5과	어휘	104
소포	14과	문법 1	245
소화가 안되다	13과	어휘	228
손	13과	어휘	228
손가락	13과	어휘	228
쇼핑하다	5과	어휘	104
수박	6과	어휘	120
수업	4과	문법 2	95
숙소를 정하다	10과	어휘	186
쉬다	5과	어휘	104
스키	12과	어휘	214
시원하다	9과	어휘	172
시험	3과	문법 3	81
식혜	6과	어휘	120
신나게 놀다	14과	어휘	242
신발	6과	어휘	120

어휘	출현 과	출현 부분	쪽
신체	13과	어휘	228
쌀쌀하다	9과	어휘	172
씻다	14과	문법 2	246
아내	11과	어휘	200
아들	11과	어휘	200
아르바이트를 하다	14과	어휘	242
아버지(아빠)	11과	어휘	200
아프다	4과	문법 4	99
앉다	5과	문법 1	106
알다	14과	문법 2	246
어머니(엄마)	11과	어휘	200
언니	11과	어휘	200
여기	1과	문법 2	49
여행	12과	어휘	214
여행을 가다	14과	어휘	242
여행하다	5과	어휘	104
연주	12과	어휘	214
연휴	7과	어휘	134
열이 나다(있다)	13과	어휘	228
영국	1과	어휘	44
영화 감상	12과	어휘	214
예약하다	10과	어휘	186
오빠	11과	어휘	200
오토바이	8과	어휘	156
옷	6과	어휘	120
외국어를 공부하다	14과	어휘	242
외삼촌	11과	어휘	200
외할머니	11과	어휘	200
외할아버지	11과	어휘	200
요리	12과	어휘	214
요리를 배우다	14과	어휘	242
요리하다	3과	어휘	74
우즈베키스탄	1과	어휘	44
운동	12과	어휘	214
운동을 시작하다	14과	어휘	242
운동하다	3과	어휘	74
운동화	6과	어휘	120
유명하다	10과	어휘	186
음료	6과	어휘	120
음악 감상	12과	어휘	214
의자	2과	어휘	58
이모	11과	어휘	200
인도	1과	어휘	44
일본	1과	어휘	44

문법 색인

明倫堂

책임 집필

이수미 성균관대학교 학부대학 대우전임교수/서울대학교 교육학박사

공동 집필

박혜경 성균관대학교 학부대학 초빙교수/경희대학교 문학박사
양지선 성균관대학교 학부대학 초빙교수/경희대학교 문학박사
유소영 성균관대학교 학부대학 초빙교수/단국대학교 문학박사

연구 보조

김지혜 국민대학교 국제교육원 강사/이화여자대학교 박사 과정
김정윤 국민대학교 국제교육원 강사/서울대학교 석사 수료

영어 번역

조디 바론(Jody Barron) 성균관대학교 조교수/Carleton University 철학석사

감수

김경훤 성균관대학교 학부대학 교수/성균관대학교 문학박사

성균 한국어 1 어휘·문법

초판 1쇄 발행 2018년 7월 2일
4쇄 발행 2026년 2월 25일

지은이 이수미, 박혜경, 양지선, 유소영
펴낸이 박영호, 박민우
기획팀 송인성, 김선명, 김선호
편집팀 박우진, 김영주, 김정아, 최미라, 전혜련, 박미나
관리팀 임선희, 정철호, 김성언, 권주련
펴낸곳 (주)도서출판 하우

주소 서울시 중랑구 망우로68길 48
전화 (02)922-7090
팩스 (02)922-7092
홈페이지 http://www.hawoo.co.kr
e-mail hawoo@hawoo.co.kr
등록번호 제2016-000017호

값 24,000원
ISBN 979-11-88568-28-4 18710
ISBN 979-11-88568-26-0 18710 (set)